edition suhrkamp 2466

Am 19. April 2005 wurde Joseph Ratzinger zu Benedikt XVI. gewählt. »Wir sind Papst!« verkündete am Tag darauf der Boulevard. Und bündelte darin bei aller Übergeschnapptheit doch die Hauptaspekte, unter denen das neue Kirchenoberhaupt seither erscheint: als Deutscher und als Popstar, bis hin zum Bravo-Poster. Was in der öffentlichen Repräsentation dagegen weitgehend ausgespart bleibt, ist der Dogmatiker und Theologe Ratzinger.
In die so entstehende ›Leerstelle‹ von außen her einzudringen, sprich: die Variablen der Ratzinger-Funktion zu füllen, ist das Experiment des vorliegenden Bandes. Thomas Meinecke hat es mit seinem gleichnamigen, in den Münchner Kammerspielen uraufgeführten Monolog Joseph Kardinal Ratzinger begonnen. Andere Autoren setzen es aus den unterschiedlichsten Positionen heraus fort. Mit offenem Ausgang.
Mit Beiträgen von Thomas Meinecke, Dietmar Dath, Felix Ensslin, Jochen Hörisch, Bettine Menke, Barbara Vinken und Slavoj Žižek.

Ratzinger-Funktion

Thomas Meinecke
Barbara Vinken
Bettine Menke
Slavoj Žižek
Jochen Hörisch
Dietmar Dath
Felix Ensslin

Suhrkamp

edition suhrkamp 2466
Erste Auflage 2006

Originalausgabe

Satz: Jung Crossmedia Publishing, Lahnau
Druck: Druckhaus Nomos, Sinzheim
Umschlag gestaltet nach einem Konzept
von Willy Fleckhaus: Rolf Staudt
Printed in Germany
ISBN 3-518-12466-8

1 2 3 4 5 6 – 11 10 09 08 07 06

Inhalt

Redaktionelle Vorbemerkung

Funk|ti|on *die*; –, -en <*lat.*>: 1. a) (ohne Plural) Tätigkeit, das Arbeiten (z. B. eines Organs); b) Amt, Stellung (von Personen); c) [klar umrissene] Aufgabe innerhalb eines größeren Zusammenhanges, Rolle. 2. (Math.) veränderliche Größe, die in ihrem Wert von einer anderen abhängig ist. 3. (Mus.) auf die drei wesentlichen Hauptakkorde Tonika, Dominante u. Subdominante zurückgeführte harmonische Beziehung.

Ratzinger-Funktion: Ein Experiment. Am Anfang steht ein Text von Thomas Meinecke, vor der Papstwahl geschrieben. Aus Joseph Kardinal Ratzinger wird Benedikt XVI. Meineckes Text wird weiteren Autoren übermittelt, zur Reaktion, Kritik, Anregung. Eine Variable. Es geht um den neuen Papst, den Katholizismus heute. Es geht um die Katholische Kirche, den neuen Glauben und die alte Aufklärung, es geht um *Gender*-Fragen. Warum bewegt das Katholische immer noch? Oder muß man sagen: schon wieder? Ratzinger-Funktion, ein Experiment.

Thomas Meinecke
Joseph Kardinal Ratzinger
Monolog

Uraufgeführt am 5. März 2005 in den Münchner Kammerspielen von Peter Brombacher unter der Regie von Felicitas Brucker.

(Mobiles Telefon, Freisprechanlage)

Ganz im Gegenteil.

Glaube kommt von Hören, er ist nicht das Produkt eigener Entschlüsse oder Reflexionen. Wir nennen diese Struktur des Empfangens, des Begegnens Sakrament.

Natürlich. Durch das Gehör empfing Maria, die Prophetin, den lebendigen Gott. Der Engel sprach: Fürchte dich nicht, Maria, denn du hast Gnade gefunden vor dem Allmächtigen und wirst aus seinem Wort empfangen.

Hörend auf den Gruß des Engels, nimmt sie den Heiligen Geist in sich auf. Ganz zum Hören geworden, empfängt sie das Wort so ganz, daß es Fleisch wird in ihr.

Das Wort ist Fleisch geworden und hat sein Zelt aufgeschlagen unter uns. Der Logos wird Fleisch.

Das haben Sie doch von Žižek. Slavoj Žižek spricht von unserem suspendierten, geleugneten, verschobenen Glauben.

Nichts sei uns heute peinlicher als die Frage: Glauben Sie an Gott?

Nein, weil wir an Gott glauben und dies nicht eingestehen können. Es scheint das Privateste, Intimste, das denkbar Obszönste zu sein, einem anderen zu eröffnen, man glaube an Gott.

Richtig. Nicht mehr von Kirche, sondern von Kultur ist die Rede. Im Sinn von Kulturen interessieren wir uns für alle möglichen Religionen, adaptieren einzelne ihrer Elemente, pflegen auch als Nichtgläubige diverse Bräuche des Christentums weiter, und zwar aus einem diffusen Traditionsbewußtsein für kulturelle Überlieferungen heraus. Kultur erscheint hier als Begriff für all jene Dinge, die wir tun, ohne wirklich an sie zu glauben.

Dabei ist die Religion der Grundakt der Kreatur: Das Sich-Zurückziehen auf das Absolute, das ich nicht bin, das ich auch nicht kenne und erst recht nicht beherrsche, dem ich mich aber verdanke.

Gibt ja auch viele Leute, die sagen, sie glauben an Gott, aber nicht an die Kirche.

Ich glaube an die Heilige Katholische Kirche.

Christus hat sich einen Leib gebaut, und in ihn muß ich mich einfügen als demütiges Glied. Anders ist er nicht zu finden und zu haben. Die Idee, Jesus sei interessant, die Kirche aber eine mißglückte Angelegenheit, scheidet mit dieser Erkenntnis von selber aus. Christus gibt es nur in seinem Leib, nie bloß ideell. Das heißt: mit den anderen, mit der beständigen, die Zeit durchschreitenden Gemeinschaft, die dieser sein Leib ist. Die Kirche ist nicht Idee, sondern Leib, und das Ärgernis der Fleischwerdung, an dem so viele der Zeitgenossen Jesu zerbrachen, geht weiter in den Ärgerlichkeiten der Kirche, aber auch hier gilt: Selig, wer sich an mir nicht ärgert.

Der Gedanke der Kirche als Leib Christi ist untrennbar mit dem Gedanken der Eucharistie verbunden, in der der Herr leibhaftig da ist und uns seinen Leib zur Speise gibt. Und das eucharistisch-christologische Mysterium der Kirche, das sich in dem Wort vom Leib Christi ansagt, bliebt nur dann in seinem rechten Maß, wenn es das marianische Geheimnis einschließt: die hörende Magd, die, in der Gnade frei geworden, ihr Fiat spricht und darin Braut und so Leib wird.

Maria, die Glaubende. Die unbefleckte Empfängnis logisch durch das Ohr.

Bedenken Sie die Einheit von Mutter und Sohn im Neuen Testament.

Die Gebete vor der Mariensäule im Herzen der bayerischen Hauptstadt.

Nein. Ein Sakrament ist ein körperliches oder materielles, in der sichtbaren Welt vorgestelltes Ding oder Geschehen, das durch seinen Bildcharakter etwas vergegenwärtigt, durch seine Einsetzung auf etwas hinweist und kraft seiner Weihe unsichtbare und geistgeschenkte Gnade enthält. Es ist nicht nur ein Symbol oder Sinnbild für heilige Dinge und Geschehnisse an sich, wie etwa das Kreuzzeichen oder das Symbol des Fisches, sondern es empfängt seinen Zeichen-Charakter gerade durch menschliches Handeln in Tat und Wort.

Der primäre Spender des Sakraments ist Gott der Vater durch Christus im Heiligen Geist. Der sekundäre, im Raum dieser sichtbaren Welt alleinige Spender der Sakramente ist der Mensch als Minister Christi.

Richtig. Auch Todsünder können Sakramente gültig spenden. Spender und Empfänger des Sakraments müssen allerdings zwei verschiedene Personen sein. Kein Mensch kann sich selbst ein Sakrament spenden. Die Taufe kann jeder Mensch spenden. Das Sakrament der Ehe spenden sich die Brautleute selbst kraft ihres allgemeinen Priestertums, allerdings in der Kirche mit Christus als dem primären Spender. Daß bei der Eucharistie der Priester sich selber die heilige Gabe reichen darf, weist auf das Mysterium tremendum hin, dem er sich bei der Eucharistie ausgesetzt findet: In persona Christi zu handeln und so gleichzeitig ihn zu vertreten und ein sündiger Mensch zu sein, der ganz vom Empfangen Seiner Gabe lebt.

Schon der Zusammenhang von Wort und Sakrament macht verständlich, daß das Sakrament nicht aus sich wirkt, sondern nur durch unseren Glauben an das Sakrament wirksam wird.

Sieben. Die Siebenzahl. Die Kirche hält daran fest, daß Christus nicht mehr und nicht weniger als sieben Sakramente, Taufe, Firmung, Eucharistie, Buße, Krankenölung, Priesterweihe und Ehe, eingesetzt hat.

Da der Herr am Kreuz im Tode schlief, wurde seine Seite mit der Lanze durchbohrt, und heraus strömten die Sakramente, daraus die Kirche geschaffen wurde.

Betrachten Sie die Kirche als die Christus angetraute Braut, die ihm zugeführt wird, von ihm gereinigt wird, sehnsüchtig nach ihm ruft, als die Gattin des Lammes, die ihm endzeitlich angetraut wird als das Fleisch von seinem Fleische, als jene aus und in ihm bestehende Einheit, die durch die Einheit seines hingegebenen Fleisches und Blutes in Gestalt von Brot und Wein erbaut und zusammengehalten wird.

Wie in Maria Jungfräulichkeit und Mutterschaft unlöslich vereint sind und sich gegenseitig bedingen und beleuchten, so auch in der Kirche.

Dem maskulinen, aktivistisch-soziologischen Ansatz vom Volk Gottes tritt die Tatsache entgegen, daß Kirche, Ecclesia, feminin ist. Das heißt: Es öffnet sich die über das Soziologische hinausweisende Dimension des Mysteriums, in der erst der wirkliche Grund und die Einheit gebende Kraft in Erscheinung treten, worauf Kirche beruht. Kirche ist mehr als Volk, mehr als Struktur und Aktion: In ihr lebt das Geheimnis der Mutterschaft und der bräutlichen Liebe, die die Mutterschaft ermöglicht. Wo Kirche nur noch maskulin, strukturell, institutionstheoretisch gesehen wird, da ist das Eigentliche von Ecclesia ausgefallen.

Die Kirche muß von Maria neu ihr Kirchesein lernen. Nur in einer Zuwendung zum Zeichen der Frau, zur recht verstandenen fraulichen Dimension der Kirche, geschieht die neue Öffnung zur schöpferischen Kraft des Geistes und damit Gestaltwerden Christi, dessen Gegenwart allein der Geschichte Mitte und Hoffnung geben kann.

Die Kirche ist in ihrem vollkommenen Kern weiblich zu nennen, was niemanden verwundern kann, der die Bibel Alten und Neuen Testaments kennt. Schon die Synagoge war Jahwe gegenüber vorab als weiblich, als Braut oder Gattin, beschrieben worden, desgleichen die Kirche des Neuen Bundes in ihrem Verhältnis zu Christus, bis hin zur endzeitlichen Hochzeit zwischen dem Lamm und seiner für die Einigung geschmückten Frau. Diese Weiblichkeit der Kirche ist das Umgreifende, während das von den Aposteln und ihren männlichen Nachfolgern versehene Dienstamt eine bloße Funktion innerhalb dieses Umgreifenden ist. Dieses Verhältnis müßte viel mehr im Auge behalten werden, wenn heute Diskussionen über eine eventuelle Teilhabe der Frau am Dienstamt geführt werden.

Ja. Von daher ist das Amt des Priesters gleichsam weiblich kodiert.

In Maria ist die Kirche schon leibhaft, bevor sie in Petrus organisiert ist. Die Kirche ist zuerst weiblich, ehe sie im kirchlichen Amt die ergänzende männliche Seite erhält. Weiblich ist die Kirche zuerst, weil ihr Erstes und Umfassendes ihr Sich-Verdanken ist, empfangend wie weitergebend. Und nur damit sie diese ihre primäre Weiblichkeit nicht vergißt, nur damit sie immer eine Empfangende, nie eine Besitzende und Selbstverfügende wird, ist ihr das männliche Amt eingestiftet, das den spendenden Herrn der Kirche, aber innerhalb ihres weiblichen Empfangens, zu repräsentieren hat. In einer bestimmten Sicht ist die Kirche primär matriarchalisch und nur sekundär patriarchalisch strukturiert.

Unsere Gewänder? Eher Kleider? Finden Sie?

Natürlich bedeutete unsere Marienenzyklika, unser Marianisches Jahr, eine Belastung des ökumenischen Klimas.

Wenn Sie so wollen. Im Zölibat läßt der Priester aus, was normalerweise eine Existenz erst erwachsen und zukunftsträchtig macht.

Natürlich ist es eine Tragödie für eine Kirche, wenn viele mehr oder weniger ein Doppelleben führen. Das ist ja leider nicht das erste Mal so. Wir haben im Spätmittelalter eine ähnliche Situation gehabt, die dann auch für die Reformation mitbedingend war. Machen Sie sich aber auch klar, daß Krisenzeiten des Zölibats zugleich Krisenzeiten der Ehe sind.

Wie gesagt: Da Christus selbst immer der eigentliche Spender des Sakraments ist, ist die Unheiligkeit des irdischen Spenders oder Dieners des Sakraments für die Wirkung des Sakraments ohne Bedeutung.

Des Papstes Enzyklika Ecclesia de Eucharistia. 2003, das Jahr der Eucharistie.

Eucharistie als sakramentale Wirklichkeit lebt ganz aus ihrem Zeichencharakter. Die im Glauben erfaßte Realität des eucharistischen Mysteriums mußte nach dem Verlust der unmittelbar auf der Schrift fußenden heilsgeschichtlichen Methode gegenüber der im Mittelalter an ihre Stelle getretenen allegorisch-symbolischen Methode durch eine neue philosophisch-metaphysische Methode, die Transsubstantiationslehre des 12. Jahrhunderts, gesichert werden. Wobei die Lehre von der Transsubstantiation zuweilen sehr stark in philosophische Spekulationen über das Verhältnis von Substanz und Akzidenz ausartete.

Allgemein werden drei Existenzweisen Christi unterschieden: Christus in Palästina und auf Erden, der verklärte

Christus sowie Christus in der Eucharistie und im Meßopfer. Die hier entscheidende Lehre lautet: In der Eucharistie ist der lebendige Christus mit Fleisch und Blut, mit Leib und Seele, mit Gottheit und Menschheit gegenwärtig. Der ganze Christus ist in jedem materiellen Teil von Hostie oder Wein ganz zugegen. Wie in Christus nur der Mensch zu sehen ist und doch der Gottmensch und Erlöser vor uns steht, so ist in der Eucharistie nur Brot und Wein zu sehen, und doch sind Christus und sein Erlösungsopfer vor uns Wirklichkeit.

Der Leib Christi im Abendmahlssaal ist wahrhaft mit der Gottheit geeint, jener aus der Heiligen Jungfrau stammende Leib, nicht etwa, weil der aufgefahrene Leib aus dem Himmel wieder herabkäme, sondern weil das Brot und der Wein in Gottes Leib und Blut verwandelt werden.

Wie dies geschieht? Durch den Heiligen Geist, wie der Herr auch eine Fleischexistenz aus der Heiligen Jungfrau durch den Heiligen Geist für sich und in sich angenommen hat. Mehr wissen wir nicht, als daß der Logos Gottes wahr ist und wirksam und allvermögend, jene Weise aber unerforschlich.

Jacques Lacan wußte: Der Heilige Geist ist der Eintritt des Signifikanten in die Welt.

Luther hielt ja zunächst an der realen Gegenwart des Herrn im Sakrament der Eucharistie fest, Zwingli deutete die Gegenwart Christi nur mehr symbolisch. Die heutigen evangelischen Kirchen in Deutschland lehnen die Transsubstantiationslehre grundsätzlich ab.

Sie meinen mit dem Brot und dem Wein den Leib und das Blut Christi, wir aber glauben: Brot und Wein sind der Leib und das Blut Christi. Dort die Meinung, hier der Glaube.

Protestanten sollten davon ablassen, von ihrem Abendmahlsverständnis her die katholische Kirche zur Interkommunion zu drängen, da nun einmal für uns das doppelte Geheimnis des Leibes Christi, Leib Christi als Kirche und Leib Christi als sakramentale Gabe, ein einziges Sakrament ist und die Leibhaftigkeit des Sakraments aus der Leibhaftigkeit der Kirche herauszureißen das Zertreten der Kirche und des Sakraments in einem bedeutet.

Wer leugnet, daß im Sakrament der heiligsten Eucharistie wahrhaft, wirklich und wesentlich der Leib und das Blut zugleich mit der Seele und der Gottheit unseres Herrn Jesus Christus und folglich der ganze Christus enthalten sei, dagegen behauptet, er sei in ihm nur wie im Zeichen oder im Bilde oder nur der Wirksamkeit nach, sei ausgeschlossen.

Dieses Brot wird in den Leib Christi verwandelt werden; es wird hinübergehen; sooft die Wandlungsworte vernommen werden, besonders aber wenn gesagt wird, jenes Brot wird transsubstantiiert in den Leib Christi, weil kein Wort so treffend hier verwendet wird als das Wort transsubstantiari, weil Substanz in Substanz übergeht, wobei die Eigentümlichkeiten erhalten bleiben.

Für den modernen, naturwissenschaftlich denkenden Menschen ist der hier vorgeführte metaphysische Substanzbegriff eine okkulte Qualität; der moderne, naturwissenschaftlich denkende Katholik wird sich im Namen seines natürlichen Denkens und seines wissenschaftlichen Weltbilds das durch Transsubstantiation Ausgesagte als objektiven Sinnwandel verständlich zu machen suchen. Mag diese Denkweise das Verlangen unserer Zeit nach rationaler Deutung befriedigen, das Mysterium der Eucharistie kann darin nicht gut seinen vollen Ausdruck finden. Solange kein besserer Terminus gefunden wird, muß wohl der Begriff Transsubstantiation trotz seiner Paradoxie immer wieder neu bedacht werden, weil eben diese Paradoxie das Glaubensgeheimnis für unser Denken am besten festhält.

Echtes Denken ist immer gegenstandsbezogen, und darum hat physikalisch-chemisches, anthropologisches und theologisches Denken seinen je eigenen Gegenstandsraum und seine eigenen Methoden, und eines kann durch das andere nicht ersetzt oder erläutert werden.

Der metaphysische Terminus der Transsubstantiation bringt in einmaliger Weise zum Ausdruck, daß die sakramentale Gegenwärtigkeit Christi und seines Erlösungswerks in der heiligen Eucharistie nicht bloß eine subjektive Glaubenssache, nicht bloß eine objektive Sinnwirklichkeit, sondern eine geschichtliche Wahrheit ist, die zu unserer physischen Raum-Zeitlichkeit realen und unmittelbaren Bezug hat, auch wenn sie nur im Glauben erfaßbar bleibt. Die Gegenwart Christi muß nicht physikalisch, sondern im echten Sinne pneumatisch, im Sinne der Mysteriengegenwart verstanden werden.

Eine Chiffre im doppelten Sinn, wußte Pascal, der eine klar, und in ihm ist gesagt, daß der andere Sinn verborgen sei.

Gegenwärtig, aber verborgen.

Fürwahr, du bist ein verborgener Gott.

Zum Beispiel Andy Warhol. Martin Scorsese. Madonna Ciccone. Katholische Amerikaner.

Pascal schrieb: So sind denn diejenigen, die Jesus Christus, der ihnen ein Ärgernis war, verworfen und gekreuzigt haben, auch diejenigen, die eben jene Bücher bewahren, die von ihm zeugen und sagen, daß er verworfen und ein Ärgernis sein werde; also ist durch sie erwiesen, daß er es war, indem sie ihn ablehnten, und er ist sowohl von den gerechten Juden, die ihn aufgenommen, wie auch von den ungerechten Juden, die ihn verworfen haben, zugleich bezeugt worden, denn das eine ist ja wie das andere vorausgesagt worden. Ebendeshalb haben die Prophezeiungen einen verborgenen Sinn, den geistlichen, den dieses Volk haßte und der unter dem fleischlichen, den es liebte, verhüllt war. Dieser Sinn wird in unzählig vielen Stellen von einem anderen verhüllt und nur selten, in einigen Stellen, enthüllt, dies aber gleichwohl in einer solchen Art, daß die Stellen, wo er verborgen ist, doppelsinnig sind und zu beidem passen, während die Stellen, wo er enthüllt ist, eindeutig sind und nur im geistlichen Sinn aufgefaßt werden können.

Bei Barbara Vinken können Sie dazu lesen: Die Eucharistie veranschaulicht nicht nur die Zeichenfunktion, sondern enthüllt auch unsere grundsätzlich beschränkte Erkenntnisfähigkeit; sie enthüllt die Struktur der Enthüllung als verhüllt. Christus verhüllt sich im Brot, aber er enthüllt sich als versteckt und notwendigerweise verhüllt, als verborgener Gott, dessen Verborgenheit durch seine Menschwerdung enthüllt wird. Durch das Verbergen des Leibes Christi verbirgt das Brot der Hostie, was es als Zeichen enthüllt. Doch die Enthüllung dieses Zeichens kann nicht in der Sache, das heißt, dem Brot, gelesen oder gesehen werden; sie wird allein durch die Einsetzung der Eucharistie, durch den performativen Akt eines Zitats, das jedesmal wieder neu zitiert werden muß, garantiert: Dies ist mein Leib.

Pascals Zeichen ist nicht durchsichtig auf das Bezeichnete; es ist ein Hindernis, das bezeichnet, daß das Bezeichnete nicht gekannt werden kann. In der Eucharistie wird die Figur der Figur, die Struktur des Geheimnisses der Enthüllung, zur ewigen Anbetung ausgestellt.

Auch für den glaubenden, ganz auf Gott hin geöffneten Menschen sind Gottes Worte nicht vom ersten Augenblick an verständlich und einsichtig. Wer von der christlichen Botschaft die Sofort-Verständlichkeit des Banalen verlangt, versperrt Gott den Weg. Wo es nicht die Demut des angenommenen Geheimnisses gibt, die Geduld, die das Unverstandene in sich hineinnimmt, es trägt und sich langsam öffnen läßt, da ist der Same des Wortes auf Stein gefallen; er hat kein Erdreich gefunden.

Denken Sie an den produktiven Umgang mit Widersprüchen als eine Errungenschaft des Christentums. Insbesondere des Katholizismus. Denken Sie an die jüdisch-messianische Wurzel des Marxismus, an seine biblischen Motive. Slavoj Žižek bekannte, daß er zu dem, was er den subversiven Kern des Christentums nennt, gerade mittels eines materialistischen Zugangs finde. Er sagt: Um ein wahrer dialektischer Materialist zu werden, müsse man die christliche Erfahrung durchlaufen.

Theologie ist zunächst einmal eine intellektuelle Beschäftigung, vor allem, wenn sie wissenschaftlich streng und ernst betrieben wird.

Mitarbeiter der Wahrheit: mein bischöflicher Wahlspruch. Der doppelte Mohr in meinem Wappen: Ausdruck der Universalität der Kirche. Der Bär mit dem Packsattel: Lastträger Gottes. Die Jakobsmuschel: Unerschöpflichkeit des Geheimnisses Gottes.

Als die Erde erbebte und die Sonne am Himmel erlosch, geschah es, schrieb Chesterton, nicht wegen der Kreuzigung, sondern wegen des Schreis, der vom Kreuz kam und der bekannte, daß Gott von Gott verlassen war. Und nun mögen sich die Anhänger der Revolution unter den Religionen einen Glauben und unter den Göttern der Welt einen Gott aussuchen, sie mögen alle Götter, deren Wiederkehr unausweichlich und deren Macht unwandelbar ist, sorgsam vergleichen. Sie werden, schließt Chesterton, keinen zweiten Gott finden, der selbst ein Rebell war. Mehr noch, und hier wird es zu schwer für die menschliche Sprache, auch die Atheisten mögen sich einen Gott aussuchen. Sie werden nur einen einzigen finden, der ihre Einsamkeit in Worte gefaßt hat, nur eine einzige Religion, in der Gott eine Sekunde lang Atheist zu sein schien.

Chesterton.

Hitchcock? Ebenfalls ein katholischer Engländer.

Und Žižek geht noch weiter, indem er fragt: Ist Judas daher nicht der eigentliche Held des Neuen Testaments, derjenige, der bereit war, seine Seele zu verlieren und der ewigen Verdammnis anheimzufallen, damit der göttliche Plan in Erfüllung ging? In allen anderen Religionen verlangt Gott von seinen Anhängern, ihm treu zu bleiben, nur Christus forderte seine Jünger auf, ihn zu verraten, damit er seine Mission erfüllen kann. Nur durch Judas' Verrat und den

Tod Christi konnte sich die universelle Kirche etablieren. Žižek meint sogar, jeder echte Führer, ob auf dem Gebiet der Religion, der Politik oder der Theorie, müsse unter seinen engsten Anhängern einen solchen Verrat provozieren.

Was geschehen wäre, wenn Jesus einen Staat begründet hätte? Entweder müßte dieser Staat seine Grenzen akzeptieren, dann käme er nur wenigen zugute. Oder aber er würde versuchen, sich auszudehnen, dann wäre er gezwungen, zur Gewalt zu greifen, und würde schnell allen anderen Staaten ähneln. Umgekehrt könnten seine Grenzen von neidischen Nachbarn bedroht werden, dann wäre er wiederum auf den Weg der Gewalt verwiesen. Nein, ein Erlöser mußte etwas ganz anderes tun. Er mußte eine Gesellschaft gründen, die überall leben kann. Er mußte eine Weise des Zusammenlebens, einen Raum der Wahrheit und der Freiheit schaffen, der an keine bestimmte staatliche Ordnung gebunden, sondern überall möglich ist. Mit einem Wort: Er mußte eine Kirche gründen, und genau das hat er getan.

Der biblische Glaube ist einer: von Abraham bis Jesus und Paulus. Wußten Sie, daß die Nazis in der Reichskristallnacht auch das Münchner Erzbischöfliche Palais stürmten? Es gibt nicht zwei Glaubensweisen. Abraham ist der Archetyp, den sich Israel über seine Geschichte setzte: Auszug aus dem Eigenen, in blindem Trauen dem Gott nach, der Ungeheures verheißt, aber nichts davon zeigt.

Der Sinai, transformiert durch die Gestalt Jesu Christi, wird allen Völkern zugeeignet, die nun in die Befreiungsgeschichte Israels eintreten und Erben dieser Geschichte werden. Wenn Sinai, Thora, Bund und Exodus ihrem Kern nach dasselbe sind, so können wir auch sagen: Der bisher auf Israel beschränkte und hier allerdings immer unfertig gebliebene Exodus wird nun Bestandteil aller Geschichte, die damit als ganze die Schwelle einer grundlegenden Befreiung überschreitet und Freiheitsgeschichte wird.

Ich komme gern noch einmal darauf zurück. Das Ägypter-Evangelium schreibt Jesus das Wort zu: Ich bin gekommen, die Werke des Weiblichen aufzulösen. Und im Thomas-Evangelium finden wir das Wort: Wenn ihr die zwei zu eins macht und das Obere wie das Untere und wenn ihr das Männliche und das Weibliche zu einem Einzigen macht, damit das Männliche nicht männlich und das Weibliche nicht weiblich ist, dann werdet ihr ins Reich eingehen.

Romano Guardini. Er schrieb, die Gestalt, in welche sich die erlöste Welt endgültig verfasse, sei die der Braut.

Nur wenn wir in unserem Leben jetzt schon dem Reich zugehören, werden wir ihm auch dann zugehören. Nicht der Glaube an das Leben nach dem Tod entrückt das Reich in die Zukunft, sondern die Utopie tut es, denn ihre Zukunft hat keine Gegenwart, und ihre Stunde kommt nie.

Barbara Vinken
Aufhebung ins Weibliche:
Mariologie und bloßes Leben bei Joseph Ratzinger, Benedikt XVI.

These: Die Theologie Joseph Ratzingers zeigt erstaunliche Berührungspunkte mit der Selbstkritik der Moderne, in der sie allerdings auf eine nachgerade tragische Weise verharrt. Ich versuche in zwei Schritten zu klären, wo Ratzingers Einsicht in die Dialektik der Aufklärung, zu der die römisch-katholische Kirche wie kaum eine andere Quellen aufzuweisen hat, ihre unwillkürliche und uneingestandene modernistische Befangenheit abschütteln und ein unfreiwilliges biologistisches Selbstmißverständnis vermeiden könnte: Wo sie es in Anknüpfung an eine andere Moderne, zu der sie den Kontakt früh abgebrochen hat, durchschauen könnte.[1] Diese andere Tradition hat sie zu lange, und in falscher Konkurrenz mit den Mächten, die sie zu bekämpfen trachtete, verkannt.

Für Ratzingers Theologie ist die Aufhebung der geschlechterdifferentiellen Grundgegebenheit des Erlösungsgeschehens nicht ins Männliche Adams, selbst nicht eines Solus Christus, sondern ins Weibliche der Maria Ecclesia grundlegend. Ratzinger verwehrt sich – zu Recht – gegen die biologistische Reduktion auf ein »bloßes Leben«, gegen das Abdrängen des Geschlechtes in den bloßen »Bios«, über den sich der Mensch der Moderne erhebt. Er beschreibt diesen Vorgang als die Crux sowohl einer maskulinistischen und einer im Gegenzug dazu verharrenden feministischen Politik der Moderne. Indem er jedoch die

Natürlichkeit der Geschlechter, deren biologische Bedingtheit, hervorkehrt, bleibt er in das verstrickt, was er überschreiten möchte und zu überschreiten anleitet. Denn in der Praxis seiner Schriftauslegung steht Ratzinger im radikalen Widerspruch zu der von ihm an anderer Stelle behaupteten »biologischen Bedingtheit« der Geschlechter in der Tradition einer Mystik, deren Einsichten ihm in den fortgeschrittenen feministischen Debatten weniger vermeintliche Gegner als verborgene Alliierte bringen könnten. Für diesen mystischen Diskurs ist die Übersteigung »natürlicher Geschlechtlichkeit« grundlegend; sie ist ohne diese Übersteigung gar nicht denkbar. Es ist allerdings richtig, daß diese Übersteigung wiederum in natürlichen, biologischen Bildern gefaßt wird: etwa in der Vermütterlichung von Männern, die gebären. Diese Bilder werden dadurch allerdings spiritualisiert und sind gerade nicht mehr wörtlich verstandene »biologische Bedingtheit«, sondern Figuren. Diese Figuren wiederum als »biologische Bedingtheit« zu verbuchstäblichen ist der moderne Fehler, dem Ratzinger gegen den Strich seiner eigenen Einsichten verfällt.

I. Vertiefte Dialektik der Aufklärung: »Befreiung zur Erniedrigung ins Machbare«

»Als Mann und Frau schuf er sie« (Genesis 1,27)

In dem leidenschaftlichen Eintreten für eine marianische Kirche, das ihn mit seinem Vorgänger verbindet, sieht Benedikt XVI. sich im schroffsten Gegensatz zur Moderne. Diese Moderne steht für ihn mehr denn jede andere Epoche im Zeichen der Ursünde, die zur Vertreibung aus dem Paradies führte: des absolut gesetzten Wunsches, Gott gleich zu werden (Genesis 3,5). Das Streben nach Unabhängigkeit,

Autarkie und Autonomie erkennt Ratzinger als *das* konstitutive Begehren der Modernen, sich keinem zu verdanken, von keinem abzuhängen, selbstbestimmt und selbstbewußt zu sein. Wichtiger, neuer: Den Impetus und das Pathos der Selbstbehauptung erkennt er als dezidiert männlich.

»Denn in der heutigen Welt des Geistes gilt nur noch das männliche Prinzip: das Machen, das Leisten, die Aktivität, die selbst die Welt planen und hervorbringen kann, die nicht auf etwas warten will, von dem sie dann abhängig ist, sondern die allein auf das eigene Können setzt. Es ist, so glaube ich, kein Zufall, daß wir in unserer westlichen, maskulinen Mentalität immer mehr Christus von der Mutter losgetrennt haben.«[2]

In der Moderne ist das weibliche Prinzip auf der Strecke geblieben, unter die Räder des männlichen Prinzips gekommen, das auf ganzer Linie gesiegt hat. Der Egozentrismus – die Behauptung und Durchsetzung des Selbst – hat den Sieg über die Mystik – die Preisgabe des Selbst, die durch das Begehren des Anderen und dem Anderen einen Ort einräumend ermöglicht wird – davongetragen.[3] Der Feminismus, wie ihn Benedikt XVI. wahrnimmt, erscheint als eine Variante des Egozentrismus, der das weibliche Prinzip des Empfangens und Gebärens zugunsten maskuliner Selbstbehauptung verleugnet, negiert.

Im Prozeß der radikalisierten »Emanzipation« der Moderne, im rasenden Begehren der Modernen, zu sein wie Gott, komme es zu einer »Lösung« von der Schöpfung, zu der (ich zitiere im Zusammenhang),

»Loslösung des Menschen von seiner biologischen Bedingtheit, von dem ›Als Mann und Frau schuf er sie‹ (der Genesis). Diese Differenz, die zum Menschen als biologischem Wesen unaufhebbar gehört und ihn zutiefst zeichnet, wird als vollkommen unerhebliche Belanglosigkeit, als geschichtlich erfundener ›Rollenzwang‹ in einen den Menschen nicht eigentlich angehenden, ›bloß biologischen‹ Bereich verwiesen. Das bedeutet, daß dies ›bloß Biologische‹ als Sache dem Menschen verfügbar, außerhalb der humanen und geistigen Maßstäbe angesiedelt wird (bis zur freien Verfügung über werdendes Leben). Solche Versachlichung des Biologischen erscheint dann als Befreiung, in der der Mensch den Bios unter sich läßt, ihn frei gebraucht und im übrigen unabhängig davon bloß Mensch ist – nicht Mann oder Frau. Aber in Wirklichkeit trifft er sich damit im Tiefsten seiner selbst, wird sich selbst verächtlich, weil er in Wahrheit eben doch Mensch als Weib, Mensch als Mann der Frau ist. [...] die Befreiung wird zur Erniedrigung ins Machbare hinein.«[4]

Im Bestreben, Gott gleich zu werden, hat der Mensch sich verdinglicht. Der Prozeß der Moderne trägt die Züge einer objektiven Ironie, in der die Menschen im Bestreben, ihr Wesen zu überhöhen, ihres Wesens verlustig gehen und sich selbst zur Sache werden, biologisches Material bis hin zum Patientengut. Es ist diese angemaßte Autarkie, eine verhängnisvolle Täuschung, sich immer neu entziehende Fata Morgana, die in Wahrheit sterblich macht: ein moderner Kommentar zur Genesis, denn es war der Wunsch, gottgleich zu sein, der zur Vertreibung aus dem Paradies führte und mit der erkannten Geschlechtlichkeit die Sterblichkeit über die Menschheit brachte. Indem Ratzinger den Zug zur Selbstermächtigung in der Moderne radikal wie in keiner anderen Epoche am Werk sieht, sieht er sie exemplarisch als verblendete, verdunkelte, gottferne Zeit.

In dieser verzweifelten Kritik an der Moderne zeigt sich Benedikt selbst als radikal modern – und es fällt schwer, die andrängenden Assoziationen an Autoren wie Marx und Heidegger, Adorno und Hannah Arendt oder auch Pasolini zu vermeiden. Dabei ist die eher ungewöhnliche Pointe leitend, daß die verblendete Gottferne der Moderne bei Ratzinger explizit wie selten geschlechterdifferenzspezifisch zu denken ist. Was die den »Bios negierende Emanzipation« im Zeichen des Männlich-Menschlichen, in ihrer cartesianischen Dualität von Geist und Körper, verkennt und austreibt, sei »diese biologische Bestimmtheit des Humanen«, die »in der Frage der Mutterschaft ihre am wenigsten verdeckbare Realität« habe. Er nennt deshalb diese Art von Emanzipation vor allem »einen Angriff auf die Frau: die Leugnung ihres Rechts, Frau sein zu dürfen«.[5]

Gegen die Moderne hat der Theologe Ratzinger seine marianisch geprägte Kirche gestellt, die »das mütterliche Bewußtsein der Urkirche wiedererlangen soll« – »die Virgo Ecclesia, die Mater Ecclesia, die Ecclesia immaculata, die Ecclesia assumpta«.[6] Diese Kirche, könnte man sagen, ist der Raum der Antimoderne schlechthin, Exil des Bräutlich-Mütterlichen. Das marianische Kirchenverständnis zu retten erscheint Ratzinger um so nötiger, als er den Begriff der Kirche selbst vom Ungeist der Moderne bedroht findet: Wenn man Kirche soziologisierend als Institution und Struktur begreift, verkennt man das Wesen der Ecclesia: kein Machen, sondern das Empfangen und Gebären ist ihr Teil. Mit Johannes Paul II. erinnert der Nachfolger »an ein viel zuwenig meditiertes Pauluswort: ›ich leide von neuem Geburtswehen um Euch, bis Christus in Euch Gestalt annimmt.‹ (Gal 4,19) Leben entsteht nicht durch Machen, sondern durch Geborenwerden, und verlangt daher Geburtswehen.«[7] Die Kirche ist der Raum, in dem die in der Moderne verkannte, verdrängte, abgeschnittene Dimension des Frauseins, wie es von Maria verkörpert wird, ihren Ort hat. Maria Ecclesia und Moderne sind antithetisch, gegenläufig konstituiert.

Die Gottesmutter wird zur Gegenfigur des in der Moderne rasant an Tempo gewinnenden Strebens der Selbstbestimmung, Selbstbehauptung. Ratzinger weist die Schlüsselbegriffe der Moderne nicht ab, er besetzt sie um, rückt sie in katholischer Perspektive zurecht in dem genauen und durchaus selbstbewußten Sinne eines ihnen Gerechtwerdens: Freiheit, Selbständigkeit, wirkliches Gegenüber, wahres Selbst lassen sich nicht durch Selbstbehauptung, sondern allein durch Preisgabe des Selbst an den Anderen: durch den Auszug, Exodus aus sich selbst erlangen. Denn sie kommen nicht aus dem Selbst, sondern von diesem Anderen, Gott, her. Maria hatte in sich einen Ort für Gott geschaffen, weil sie nicht von sich selbst eingenommen war. Weil sie sich nicht selbst behauptet, kann sie dem Anderen vorbehaltlos Raum gewähren: In »der völligen Enteignung an Gott [wird sie] sich selber wahrhaft zu eigen«.[8]

Die Empfängnis Mariens durch das Wort, das in ihr Fleisch wird, wird als Urbild des mystischen Prozesses der geistigen Geburt interpretiert, in dem jeder Christ in sich selbst sterben muß, um in Christo wiedergeboren zu werden. Das Eigene – als Zeichen der Erbsünde und Abfall vom göttlichen Ebenbild, das In-Sich-Selbst-Stehen-Wollen – muß preisgegeben werden, damit man ein radikal anderer und im Nachvollzug des Kreuzes wirklich man selbst werden kann, Ebenbild Gottes. Erst diese geistige Geburt, die vollkommene Enteignung in der Übereignung, macht unsterblich: »Unsterblich ist der Mensch [...] letztlich und wahr nur im Ganz-anderen und von ihm her: Gott.«[9] Indem Maria dem Engel antwortet »ich bin die Magd des Herrn« und »an mir geschehe, wie Du gesagt«, gibt sie Selbstverfügung und Selbstplanung ihres Lebens auf. Die geistige Geburt der christlichen Erlösung vom Alten Menschen geht in Maria der Geburt im Fleische voraus. Sie kommt nicht vom Selbst, sondern verdankt sich der Gnade und der Liebe Gottes. Als liebende Preisgabe ist sie zugleich Vollendung in der Liebe, liebendes Fruchttragen. Eben dies vollzieht sich in Maria tatsächlich, und das heißt im Fleische:

»Sie ist solche Darstellung des geretteten und frei gewordenen Menschen aber gerade als Frau, das heißt in der leiblichen Bestimmtheit, die vom Menschen unabtrennbar ist: ›Als Mann und Frau erschuf er sie‹ (Gen. 1,27). Das ›Biologische‹ und das Humane sind in ihrer Gestalt untrennbar, so wie das Humane und das ›Theologische‹ untrennbar sind.«

Das impliziert über das gewöhnliche Verständnis der Fleischwerdung in der Jungfrau hinaus, daß Benedikt in der Frau als Frau – und nicht allein in Maria – »die eigentliche Siegelbewahrerin der Schöpfung« sieht. In ihr hat sie »ihre maßgebende, vom Mann sozusagen nur nachzuahmende Vollgestalt«.[10] Die Vollendung des Geschöpfes als Geschöpf vollzieht sich in der Frau, nicht im Mann, präziser: in der empfangenden, schwangeren, gebärenden Frau. Wie das männliche Glied, herausragend, hervorstechend, für Lacan zum biologischen Angelpunkt des Phallus wird, so wird die schwangere Frau für Benedikt Teil der kreatürlich-biologischen Offenbarung, Figur für ein Dem-Anderen-Platz Einräumen, für die Preisgabe des Selbst um des Anderen willen. Entsprechend steht das weibliche, hingebende Empfangen gegen das männliche, aufrührerische Zeichen, das im Phallus regiert. So sah auch Augustinus im erigierten Penis einen Aufstand, ein sich Erheben des Fleisches gegen den menschlichen Willen, seiner Souveränität entzogen. Im männlichen Körper wiederholte sich für Augustinus das erbsündige Aufbegehren gegen den göttlichen Willen.

Das Verhältnis von Kirche und Gott ist nach der liebenden Vereinigung von Maria und Gott modelliert. Selbst Gott wird das vom Anderen her nicht zu störende Ruhen in sich selbst abgesprochen. Der Gott Benedikts XVI. ist kein unbewegter Gott; er entäußert sich liebend, liebt, sich entäußernd:

»Zum Wesen Gottes gehörte für antikes Denken die Leidenschaftslosigkeit der reinen Vernunft. Den Vätern fiel es schwer, diesen Gedanken abzuweisen und ›Leidenschaft‹ in Gott zu denken, aber von der Bibel sahen sie doch sehr wohl, daß die ›Offenbarung der Bibel‹ alles erschüttert [...] was die Welt über Gott gedacht hatte. Sie sahen, daß es eine innerste Leidenschaft in Gott gibt, die sogar sein eigentliches Wesen ist, die Liebe.«[11] Schon das Verhältnis von Jahwe zu Israel, seiner Braut, dem erwählten Geschöpf, war ein leidenschaftliches: »Das Bundesverhältnis Jahwes zu Israel ist ein Bund ehelicher Liebe, die Jahwe selbst [...] im Innersten aufwühlt und erschüttert: Er hat das junge Mädchen Israel mit einer Liebe geliebt, die sich als unzerstörbar, als ewig erweist. Er kann der Frau seiner Jugend zürnen ob ihres Ehebruchs, er kann sie bestrafen, aber all dies richtet sich zugleich doch gegen ihn selbst, schmerzt ihn, den Liebenden, dessen ›Eingeweide sich umkehren‹ [...] Darin, in seiner innersten Betroffenheit als Liebender, gründet die Ewigkeit und Unwiderruflichkeit des Bundes.«[12]

Erst recht das Verhältnis Gottes zu Maria ist eines der sehnsüchtigen Liebe: »Wie der König und Herr aller nach Deiner Schönheit verlangte, so sehr ersehnte er deine zustimmenden Antwort [...] Was zauderst Du?« zitiert Ratzinger Bernhard von Clairvaux.[13] Die Kirche ist »Verschmelzung des Geschöpfes mit seinem Herrn in der bräutlichen Liebe, in der sich ihre Hoffnung auf Vergöttlichung durch den Weg des Glaubens erfüllt«.[14] Damit ist auch das letzte Versprechen, das die Moderne auf perversen Wegen wahr zu machen sucht, in der bräutlichen Kirche wahr geworden: Die Vergöttlichung des Menschen, die nicht durch behauptende Selbstbestimmung, sondern durch liebende Selbstpreisgabe nach dem Vorbild Mariens, Braut und Mutter, zu erlangen ist.

Was Benedikt vorschlägt, ist also nicht, daß Männer Männer und Frauen Frauen bleiben nach dem Motto »boys will be boys« (um dann Hormone, Gene oder ähnliches ins Feld zu führen). Biologisierung des Menschlich-Geschlechtlichen, wie sie gerade gegen die Psychoanalyse und die Kulturwissenschaften so massiv ins Feld geführt wird und den Menschen wie jedes Tier zum bloßen Geschlechtswesen macht, ist das Gegenteil dessen, was der Papst anstrebt. Ein solcher Geschlechtsbegriff verfällt der Kritik Agambens, die der Animalisierung des Menschen als die Reduktion auf »bloßes Leben« gilt.[15] Was Benedikt vorschlägt, ist vielmehr ein Hinwenden zur Frau: Nicht männliche Selbstermächtigung, sondern Fruchttragen in liebender Selbstpreisgabe, die in der Keuschheit sogar bis zur Preisgabe des fleischlichen Fruchttragens selbst gehen können muß, wie sie sich in Maria erfüllt hat und wie seither in jeder Schwangerschaft – im Zeichen Marias – offenbar geworden ist.

So weit, so gut. Daß das Geschlecht überschritten wird, ist ein Merkmal von Texten, die von Leuten erzählen, die Gott in außerordentlicher Liebe zugetan sind. Märtyrerinnen, so lernen wir aus den *Acta sanctorum*, ließen um ihres Glaubens willen heroisch den Tod auf sich nehmend ihre Weiblichkeit zurück, überwanden alle weibliche Schwäche, um »mehr als eine Frau« zu sein. Aber auch die geistliche Liebe, in der Nonnen und Mönche dieser Welt sterben, um ganz in Christo zu leben, kann dazu führen, daß Frauen mehr als eine Frau, geradezu männlich werden. »Dein Ruhm hat uns verkündet, daß Du das weibliche Geschlecht übertroffen hast. Du hast die weibliche Schwäche überwunden und Dich zu männlicher Härte durchgerungen«, schrieb Hugo Metellus, Kanonikus von Tours, über Héloise und folgte dabei einem Topos, den Gregor von Nyssa in der *Vita* seiner Schwester Macrina ausgearbeitet hatte. Eine Ausnahme oder, besser, Verkomplizierung zeigt der Briefwechsel von Abaelard und Héloise selbst, der konträr zur Einschätzung Héloises bei den Zeitgenossen und konträr zur Vermütterlichung der Mönche bei Bernhard geistliches und natürliches Geschlecht übereinanderfallen läßt. Aber auch in diesem Briefwechsel ist der sich Gott in Liebe hingebende Leib ein doppelter, mystisch und natürlich. Was die Geschlechtshierarchien angeht, so steht in der Ordnung der natürlichen Körper dieser Welt der Mann über der Frau, in der Ordnung der mystischen Körper dagegen die Nonne über dem Mönch, weil sie als Braut des Herrn diesem näher steht als die Mönche als Gottesknechte.

Die metaphorische Vermännlichung der Frauen interessiert Benedikt nicht, er weist diesen Topos ab. Die Verbräutlichung und Vermütterlichung geistig liebender Männer, die prägend ist für mystische Literatur, liegt ihm hingegen sehr am Herzen. Das Verhältnis Gottes zur Kirche als Kollektiv ist auf die gläubige Seele zu übertragen, im Skopus des anagogischen Sinnes. Das herausragende, epochale Beispiel liefert Bernhard von Clairvaux, der die gläubige Seele bräutlich wie die Kirche darstellt: empfangend und fruchttragend in der göttlichen Liebesvereinigung. Sie wird unter dem Kuß des Bräutigams schwanger, in ihre Brüste schießt die Milch ein.[16] Bernhard sah sich als die Mutter seiner Mönche, um die er Geburtswehen leidet. Diese mütterlich-bräutlichen Männer stehen nicht allein in der Nachfolge Mariens, sondern über sie in der unmittelbaren (ohne Mittel zweckfreien) Nachfolge Christi, der als eine Mutter die Kirche aus seiner Herzwunde geboren hat. Angesichts dieses Befunds, den Carolyn Bynum zu einem der wichtigsten Paradigmen des New Historicism gemacht hat, ist es nicht übertrieben zu sagen, daß in dieser von der Moderne überdeckten Überlieferung die geistliche Liebe, die Geburt aus dem Geiste die »leibliche Bestimmtheit« des Menschen, ihr Mann- oder Frau-Sein, übersteigt.[17]

Nun ist es vollkommen überraschend, daß in der Argumentation Ratzingers die geistige Geburt nicht als Verkehrung der fleischlichen Geburt auftritt, sondern als deren Erfüllung. Die Opposition von fleischlicher Geburt – todesverfallen aus dem Sexus, inter faeces et urinas, wie Augustinus in nichts zu wünschen übriglassender Drastik schreibt – und geistiger Geburt zum Leben und aus dem Herzen, wie sie von Gregor von Nyssa bis Abaelard im Mittelpunkt steht, wird von Ratzinger in ein typologisches Schema der Analogie überführt, das die apologetische Konstellation der Kirchenväter überlagert und aus dem Oppositionsmodell der Gradation in eine anagogische Perspektive überführt. Der Papst könnte nicht mit Abaelard an Héloise, die einst seine Geliebte und Mutter ihres Sohnes war, um dann nach seinem Willen als Nonne Braut Christi und als Äbtissin Mutter der Nonnen zu werden, schreiben: »Wieviel geistliche Töchter hast du (die Äbtissin Héloise) dem Herrn schon geboren [...] Welch unheilvoller Verlust, welch beklagenswerter Schaden, wenn du dich den schmutzigen Lüsten des Fleisches hingegeben und mit Schmerzen wenige Kinder zur Welt gebracht hättest, die du jetzt mit Freuden eine zahlreiche Schar für das Himmelreich gebierst. Ein Weib wärest du geblieben wie alle andern, die du jetzt hoch selbst über den Männern stehst, die du Evas Fluch in den Segen der Maria gewandelt hast! Wie entweiht würden diese heiligen Hände, die jetzt nur die heiligen Bücher umblättern, dienten sie der Kleinlichkeit weiblicher Sorgen!« (V, 107)

Für Benedikt leuchtet bereits – und die Frage ist, wie modern das ist – in der fleischlichen Geburt die geistliche Geburt mit auf: über dem von ihm rehabilitierten antiken Bios liegt der Vorschein liebender Selbstpreisgabe, welche die geistliche Geburt vollendet. Mariae Empfängnis und Geburt – dem Credo der Kirche zufolge nicht aus dem Willen des Fleisches – ist als Fleischwerdung der geistigen Geburt eine »nova nativitas«, die den alten, bei der Vertreibung aus dem Paradies auferlegten Schmerzen die Zukunft der Erlösung einzeichnet. Paradoxerweise ist es, als materialisierte sich im Fleisch die Spiritualisierung des Fleisches auf seine Erlösung hin. Sie wäre als solche eine Erlösung der Schöpfung, die in der Kirche als Spenderin der geistigen Geburt auf Erden ihren nun nicht mehr wörtlichen Ort hätte. Das Verhältnis von Geburt im Fleische und Geburt im Geiste ist bei Ratzinger keines mehr von Opposition und Überwindung, von Verkehrung und Umschlag des Alten ins Neue Testament, es ist eines der Verheißung, das sich in Maria für ein Mal historisch-wörtlich erfüllte. Von Maria her sind Bios und Natur virtuell erlöst, wie die Beziehung zwischen Gott und Israel, der Synagoge, in der Liebe zwischen Gott und Maria, der Kirche, mehr als bloß überwunden, sondern vom Neuen Testament her erneut erfüllt, wird. Jede fleischliche fruchtbare Ehe wäre mithin in der Gemeinschaft der geistlich fruchtbar Liebenden erfüllt wie die Synagoge in der Kirche erfüllt ist. Jeder fleischlichen wäre die geistige Geburt bereits eingetragen – als ein andauernder Sensus anagogicus, auch wenn sich dieser erst vom Ende der Zeiten her ganz vollendete. Im Wort, das Fleisch wird, »ist schon die Hingabe zum Opfer, das Geheimnis des Kreuzes und das Geheimnis des daraus kommenden österlichen Sakramentes mit ausgesagt [...]. In der Fleischwerdung ist die Dynamik des Opfers eingeschlossen.«[18] Das Wort, das Fleisch wird, ist nicht mehr als Umkehr der Geburt aus dem Fleische begriffen. Das Gebären im Geiste, das als Voraussetzung die aus der Gnade der göttlichen Liebe ermöglichte Preisgabe des Selbst hat, Caritas statt Selbstbehauptung (Ratzinger zitiert Augustins Formel, nach der Maria »mit dem Herzen früher als dem Leibe nach«), hat im fleischlichen Empfangen und in der fleischlichen Geburt eine biologische Figur gefunden, die sich dereinst, einmalig, in der geistig-fleischlichen, jungfräulichen Geburt Marias erfüllt hat.

Ratzinger geht es vorrangig darum, in dieser Interpretation des Bios das bloße Leben, das als ein bloßes erst das Resultat, und zwar das brutalste der Moderne ist, zu bestreiten:

»Nur auf den geistigen Sinn komme es an, so sagt man, das Biologische könne für die Theologie nicht wichtig sein und sei lediglich als symbolisches Ausdrucksmittel zu werten. [...] Die großzügige Trennung von ›Biologie‹ und Theologie läßt nämlich genau den Menschen aus [...]; der springende Punkt liegt doch gerade in der Aussage, daß im Humanen auch das Biologische human und erst recht im Theo-Humanen *nichts* bloß ›biologisch‹ ist. Die Ausklammerung des Körperlichen oder Geschlechtlichen in die pure Biologie hinein, die Rede also vom ›Nur-Biologischen‹, ist deshalb gerade die Antithese zu dem, was der Glaube meint, der von der Geistigkeit des Biologischen und von der Leibhaftigkeit des Geistigen und Göttlichen reden will.«[19]

Das Risiko ist kein geringes, sieht man sich seine Tradition an. Bevor ich darauf komme, sei der Gewinn nicht unterschlagen, den eine solche Interpretation des Bios mit sich bringt. Er springt schon auf innerkirchlichem Terrain ins Auge: In der Jüdin Maria als der Erfüllung der alttestamentlichen Präfigurierung die vollständige, erfüllte Figur der Ecclesia zu erkennen legt allen strukturellen Antisemitismus ad acta, der sich in der unversöhnlichen Entgegensetzung von Gesetz und Liebe, zwischen Altem und Neuem Bund eingenistet hatte – er ist a priori ausgeschlossen, wo der Alte Bund zwischen Jahwe und der Synagoge im erneuerten Bund mit der Jüdin Maria als Ecclesia erfüllt statt als überwunden zurückzulassen sein soll. Die ebenso unvordenkliche, latente Verbindung von Antisemitismus und

Frauenfeindlichkeit ist damit in toto erledigt. Der allgemeinen Vermännlichung oder Maskulinisierung der Gesellschaft, in der das Subjekt sich selbst ermächtige und unter dessen Vorzeichen noch der Feminismus leide, zieht Benedikt eine Verfraulichung vor, deren liebende Selbstpreisgabe in der Figur von Mutter und Braut, in Empfangen und Gebären kulminiert. In der Aufhebung der alten Bundes- und Geschlechterzwiste zeichnet er einen Politikbegriff vor, zeichnet sich die Abschattung eines Begriffs von Politik ab, vor der Kriege und Religionskriege verblassen. Aber er nimmt dabei eine Hypothek auf, die er mit der Moderne teilt: die Verbuchstäblichung von Figuren.

Rhetorisch betrachtet nämlich macht Benedikt folgendes: er projiziert die geistliche Geburt auf die fleischliche, aus deren Bildern sie schöpft, zurück. Er überträgt eine Übertragung. Er nimmt die Metaphern spiritueller Mutterschaft wörtlich und findet sie in der »biologischen Bedingtheit«. Nur so kann die mystische Selbstpreisgabe in der fleischlichen Geburt und fraulichen »Fähigkeit für den anderen« vorgezeichnet sein, statt sie zu verkehren. Damit kommt es aber zu einem Bedeutungsüberschuß, zu einer geistlichen Aufladung, die der biologischen Bedingtheit, dem »Frausein« zugeschrieben wird. Empfängnis und Geburt, Mütterlichkeit, sind ganz anders gedeutet worden denn als liebende Preisgabe an einen anderen, dem ohne Selbsteingenommenheit Platz eingeräumt wird. Für Augustinus etwa ist die Überwindung des zähesten aller weltlichen Liebesverhältnisse, nämlich des Hängens der Mütter an ihrem eigen Fleisch und Blut mit jeder Faser ihres Herzens, Bedingung für das geistliche Gebären: »Der Mutter aus Fleisch und Blut geborenes Verlangen nahmst Du (Gott) in die gerechte Zucht ihres geißelnden Schmerzes« (Confessiones V, 9, 16), schreibt er, als er seine Mutter, von ihm getäuscht, allein in Karthago fassungslos vor Schmerz zurückläßt. Nur so geläutert, kann sie ihn unter viel größeren Leiden nicht nur dem Fleische nach zum Tode, sondern dem Herzen nach zum ewigen Leben gebären. Es ist kein Wunder, daß der Weg zur Braut Christi, der Weg zu geistlicher Mütterlichkeit der Heiligen oft ganz wörtlich nur über den Leib ihrer Kinder führt, über den sie hinwegsteigen müssen wie Jeanne Françoise de Chantal über den sich ihr in den Weg werfenden Sohn.

Wenn wir mehr in die Moderne gehen, braucht man sich nur an Freud zu erinnern, der im Wunsch der Frau nach einem Kind das Begehren nach phallischer Vollkommenheit sieht. Es ist symptomatisch, daß Schwangerschaft und Gebären gerade im Zusammenhang mit der Entstehung des modernen Subjektbegriffs, in dem der Mann sich gegen und auf Kosten der Frau als selbstbestimmt, selbstbeherrscht und selbstbewußt definiert, kontrovers gedeutet werden. Sieht Simone de Beauvoir darin nichts als blindes, biologisches Geschehen, reine Passivität, die der Selbstbestimmung der Frau frontal im Weg steht, dann deutet Ellen Key Schwangerschaft und Geburt schlicht als Überbietung der Normen männlicher Subjektivität. Im *Jahrhundert des Kindes* beschreibt sie beides als den Höhepunkt selbstbehauptender Schöpfung. Sie verwandelt noch das »Weiblichste« dem Vorbild männlicher, selbstbestimmter Subjektivität an, indem sie Schwangerschaft und Geburt als Momente begreift, in denen die Frau die Normen des männlichen Subjektes übertrifft. Die vielleicht interessanteste Interpretation von Schwangerschaft, mehr in die Richtung von Ratzinger gehend, stammt von Julia Kristeva. In *Stabat mater* liest sie den Bildtypus der Maria partans als Allegorie der Gespaltenheit des Subjektes, seines asujeti, seines grundsätzlichen Unterworfen-Seins. Hier offenbart sich eine Wahrheit, die sonst vom Phantasma des In-Sich-Selbst-Stehens verdeckt wird. Auch das ein Versuch, weibliche Leiblichkeit gegen das hervorstechende Geschlecht des Mannes zu setzen.

Geistliche Mütterlichkeit beruht in der Texttradition, in der Ratzinger steht, auf einer Verkehrung oder zumindest auf einer Übersteigung fleischlicher Mütterlichkeit. Nichts spricht dafür, daß Empfangen, Gebären und die Liebe zu den eigenen Kindern Figuren mystischer Selbstpreisgabe sind – die katholische Tradition legt, wenn ich richtig sehe, bis zum 19. Jahrhundert eher das Gegenteil nahe.

II. Vertiefte Moderne

Die vertiefte Diagnose der Moderne, zu der Joseph Ratzinger seit seinen Anfängen die Quellen seiner Kirche mobilisiert hat, entgeht der Dialektik nicht, die sie aufweist. Sie verharrt auf der Schwelle einer radikaleren Kritik, der sie die modernistischen Selbstmißverständnisse der eigenen Kontexte mit unterwerfen müßte – nicht zuletzt, um die auf dem Tisch liegenden, exemplarisch auch die feministischen Argumente in Anschlag bringen zu können und in der abgewiesenen Moderne das Kind nicht mit dem Bade, d. h. die ihr vergangene Hoffnung nicht mit auszuschütten.

Halten wir zunächst fest: Das Plädoyer Ratzingers für eine Verweiblichung oder, wie er sagen würde, eine Verfraulichung ist mutig, ja wunderbar. Lächelnd nimmt ein Papst das, was die Moderne als den Inbegriff der Verworfenheit angesehen hatte, auf sich: die Verweiblichung des Männlichen. Nichts hat die Moderne, deren Grundzug sich im männlichen Protest, Protest der Männlichkeit versteift hatte, so sehr gezeichnet wie eine nachgerade pathologisch zu nennende *gender anxiety*: Angst um die männliche Geschlechtsidentität. Nichts hat die Moderne so unnachgiebig auszurotten versucht wie die allgemein gemachte und unterstellte unnatürliche, perverse Feminisierung des Männlichen durch Monarchie und katholische Kirche. In Reformation, Revolution, Republik war der Mann in ganzer, prangender Natürlichkeit wieder aufzurichten. Die Moderne trat als Selbstbehauptung eines Subjekts auf, dessen Männlichkeit als seine Menschlichkeit sich behauptete und in der Kirche den alten mit dem neuen Adam verraten fand. Im Namen einer so natürlich empfundenen wie wissenschaftlich erwiesenen Geschlechterordnung war der Frau ihre natürlich vorpolitische Rolle im Haus und bei der Pflege der männlichen Potenz zugewiesen. Pointiert formuliert sah und sieht diese neue, auf nichts als die Natur gegründete Ordnung der Geschlechter so aus, daß Frauen wegen ihres natürlichen Geschlechtes nicht die Menschen werden können, die die Männer ihrer Natur nach sind.

Deswegen bleibt das Beharren Ratzingers auf der natürlichen Geschlechtsidentität mißverständlich und, wie mir scheint, überflüssig: Es geht gegen den Strich seiner eigenen Argumentation, die die Figur der mystischen Selbstpreisgabe, die in Maria Fleisch wird, für beide Geschlechter vorgezeichnet findet. Und so notwendig hier der Hinweis auf geistliche Mütterlichkeit ist, so ganz und gar überflüssig und mißverständlich ist der Verweis auf »biologische Bedingtheit«. Ich halte es für eine für das weibliche Geschlecht zwar sehr schmeichelhafte, verführerische, aber letzten Endes nicht wirklich gute Idee – und abgesehen davon für einen rhetorischen Fehler –, diese Figur in der »biologischen Bedingtheit« vorgezeichnet zu sehen. Benedikt verkennt, daß Mann und Frau bei aller gleichursprünglichen Geschaffenheit geschichtlich variable Größen sind. Noch die »biologische Bedingtheit«, von der er spricht, ist eher eine Metalepse, ein in den Ursprung projiziertes Resultat als eine Grundlage für bestimmte (moderne) Subjekt- und Geschlechtsidentitätsannahmen. Daß Frauen »spontaner«

»für den andern da sind«, scheint mir ein Gerücht. Auch scheint mir nichts außer *whishful thinking* dafür zu sprechen, daß Frauen »diese Haltungen« (Haltungen des Hörens, des Aufnehmens, der Demut, der Treue, des Lobpreises, kurz des Seins für den Anderen) mit »besonderer Intensität und Natürlichkeit« leben.[20]

Mann und Frau sind nicht erst in einem welthistorischen Verständnis, sondern bereits nach der Bibelhermeneutik nicht ständig dasselbe. Der Mann und die Frau, die Gott mit der Natur fürs Paradies schuf, waren nicht der Mann und die Frau, die nach dem Fall der Geschlechtlichkeit und dem Tod unterworfen wurden. Dementsprechend bleibt Marias Frau-Sein im sensus anagocicus des Neuen Testamentes etwas anderes als das Frau-Sein im Hier und Jetzt jeweiliger Geschichte.

Auch daß es sich bei der von Benedikt postulierten »Loslösung des Menschen von seiner biologischen Bedingtheit« um einen für beide Geschlechter parallel verlaufenden Emanzipationsprozeß gehandelt hätte, ist unrichtig. Richtiger ist vielmehr auch und gerade nach Ratzinger, daß der Mann der Moderne Mensch geworden ist, indem er die Frau zum bloßen Leben erniedrigt hat, um sich selbst des geschlechtlich geschaffenen Bios – abgesehen von den Momenten, wenn ihm die Natur so kommt – zu überheben. Er hat sich von jeder Geschöpflichkeit emanzipiert und die Frau ihr zur Gänze zu unterworfen, nicht zu sagen: sie phantasmatisch zu dem Geschöpf gemacht, das ihn unter Berufung auf ihre »biologische Bestimmtheit« und, also, Bestimmung bestätigt, was er selbstbehauptet unter sich gelassen hat. Daß dieses Syndrom eine historische Größe, eine ideologische Spielmarke ist, steht mittlerweile außer Frage – was nicht heißt, daß sie beliebig wäre oder man gar beliebig darüber verfügen könnte. Wegen dieser Geschichte ist es so prekär, sich auf eine biologisch-natürliche Grundlage der Geschlechter zu berufen, die Ratzinger gegen den Strich der massiven kirchlichen Modernisierungstendenzen – gegen die biblische Priorität des zuerst geschaffenen Mannes – auf den Plan gerufen hat, aber in ihrer biopolitischen Verhärtung nicht so leicht mehr los wird.

Wenn man die grundlegende moderne Konstruktion der Geschlechter und ihre radikal asymmetrische Stellung zur »Biologie« außer acht läßt, fällt man leicht in den von der Moderne vorgezeichneten ideologischen Plot. Deswegen beschleicht einen bei der Lektüre Ratzingers, immer wenn es um den von ihm mit Bedacht so genannten Bios des als Mann und Frau Geschaffen-Seins geht, ein Unbehagen. Es sind die Argumente seiner entschiedendsten Gegner, die im Namen der »Natürlichkeit« der Geschlechter aller Marienverehrung und a fortiori einer marianischen Kirche den Garaus gemacht haben. Es sind seine entschiedendsten Gegner, die noch die hingebungsvolle keusche Liebe der Braut Christi zu nichts als einer biologischen Funktion machen wollten. Deshalb müßte keinem mehr als diesem Papst an theoretischen Strömungen gelegen sein, in denen die Geschichtlichkeit oder, besser, die symbolische Verfaßtheit der Geschlechter Gegenstand der Analyse ist.

Denn gerade diese Richtungen gehen mitnichten davon aus, daß es um eine »Emanzipation« vom Bios gehen kann, die zu einem autarken Subjekt führe, das über ihn verfügen kann. Vielmehr zerbricht eine solche humanistische Subjektkonstruktion an der Differenz der Geschlechter, der ihr zum Stolperstein wird. Allerdings ist eine so verstandene Differenz der Geschlechter keine biologische Bedingtheit, sondern immer schon etwas vom Menschen Gedeutetes, etwas, aus dem wir nolens volens Sinn machen. Von Freud über Lacan, von Derrida über Cixous, Irigaray und Kristeva bis hin zu Judith Butler zeichnen sich diese Richtungen (bei aller Unterschiedlichkeit) durch einen Subjektbegriff aus, der dem modern humanistischen Begriff eines selbstbestimmten, selbstbeherrschten, selbstbewußten Subjektes diametral entgegensteht. Alle gehen wie Ratzinger davon aus, daß das Subjekt nicht Herr im eigenen Hause und das In-sich-selbst-Stehen ein leeres Phantasma ist. Sie räumen dem Anderen, wenn sie darin auch nicht Gott sehen, eine Position ein, die für das Subjekt der Moderne nicht anders als kränkend sein kann.

Umgekehrt kann man sagen, daß rein empirisch das Bestehen auf geschlechtlicher Identität und der Natürlichkeit der Geschlechter fast immer – ich sehe keine Ausnahme – mit der vom Papst so kritisierten Subjektposition der Moderne einherging, um geschlechterpolitisch von unter *gender anxiety* stehenden Männern gegen Frauen gerichtet zu werden. Sehen wir uns einige Momente dieser Politik an. Die Monarchie ist, folgt man Montesquieu und Rousseau, vor allen Dingen deswegen von Übel, weil sie alle vornehmlich natürlichen Geschlechtsidentitäten zersetzt. Sie macht alle Männer zu Frauen: »faute de pouvoir devenir hommes, les femmes nous rendent femmes« oder, und hier ist schwer zu entscheiden, was das größere Übel ist, zu Eunuchen, orientalisch fremd. Rousseaus Spott über die unnatürliche Ordnung der Geschlechter – sprich die allgemeine Feminisierung –, die er in Paris am Werk sah, war grenzenlos; besorgt sah er bereits das reine, calvinistische Genf vom Virus der in Paris grassierenden Verweiblichung befallen. Der Stimme der Natur – »als Mann und Frau schuf er sie« – sollte zu ihrem Recht verholfen, in einer brüderlichen Republik sollten Männer endlich wieder Männer sein dürfen. Bedingung dafür war, daß die Frauen aus der Öffentlichkeit verschwanden. Dieses Verschwinden wiederum machte, immer Rousseau zufolge, die Natur ihrer Weiblichkeit zwingend.

Wenn alle Menschen gleich sind, ist ihre Geschlechtlichkeit das hauptsächliche Distinktionsmerkmal. Im Namen der Natur, im Namen des Bios wurden den Frauen gleiche politische Rechte verweigert. Ganz Mensch können sie im Gegensatz zu den Männern nicht werden. Denn die Natürlichkeit des Geschlechtes hat – so Rousseau – für Männer und Frauen ganz verschiedene Konsequenzen: Der Mann ist nur wenige Augenblicke seines Lebens Mann – und das heißt, seinem Geschlecht unterworfen. Sonst ist er Mensch. Die Frau hingegen bleibt so gut wie ihr ganzes Leben Frau. Ihre Geschlechtlichkeit beeindruckt sie in ganz anderer Weise: in den Regeln, in der Schwangerschaft, im Gebären und Stillen. Weil sie von ihrem Geschlecht bestimmt bleibt, kann sie den Normen des selbstbestimmten, selbstbeherrschten und selbstbewußten Subjektes nicht genügen. Fremdbestimmt von ihrem Bios, bleibt sie ihrer Geschlechtlichkeit unterworfen, über die sich der Mann als Mensch abgesehen von wenigen Augenblicken erheben kann.

Die von dieser neuen Subjektivitätsnorm verlangte Selbstbestimmung geht so weit, daß Diderot in einem charmant-ironischen Essay nicht ohne Hintergründigkeit gar das Genie den Männern ab- und den Frauen zuspricht. Denn Selbstenteignung, wie sie Platon zufolge im Dichter, der vom göttlichen Furor ergriffen außer sich gerät, stattfindet, ist für einen Mann unvorstellbar geworden. Als Gefäß für einen anderen, mit fremden Zungen redend, von Gott besessen, kann nur noch die Frau vorgestellt werden. Das an antike Inspirationslehren zurückgebundene Bild des entzückten, entrückten, verrückten Subjekts ist jetzt biologisch definiert und als weiblich erkannt. Und der präzise physiologische Grund für dieses an und in sein Geschlecht entäußerte Subjekt wird unermüdlich erforscht. Die Urform dieses Außer-sich-Geratens, dieses einem Andern Unterworfen- und von einem Anderen Bewohnt-Sein, ist das Herumwandern der unbefriedigten Gebärmutter in ihrem Körper. Die Hysterie, die im 18. Jahrhundert fröhliche Urstände feierte, hatte eine große Karriere vor sich. Kurz, die Frau ist qua Geschlechtlichkeit außer sich. Je entschiedener der Mann versucht, zum Subjekt zu werden, desto krasser unterwirft er die Frau ihrem biologischen Geschlecht und sieht sie von ihm fremdbestimmt.

Die Biologisierung – oder meinethalben Animalisierung des Menschlichen – betrifft nicht beide Geschlechter symmetrisch. Es ist vielmehr die ihrer Geschlechtlichkeit unterworfene Frau, die dem Subjekt des per definitionem männlichen Wissenschaftlers zum Objekt wird; tot oder lebendig wird sie in einer geschlechtlich polarisierten Versuchsanordnung der Geschlechter in Objekt (weiblich) und Subjekt (männlich) zum Gegenstand par excellence männlicher Forschung. Am extremsten wird dies im Theater der Autonomie, das im 19. Jahrhundert so eine zentrale Rolle spielen wird, coram publico gut sichtbar inszeniert. Daß viele feministische, emanzipatorische Bestrebungen sich gegen diese Verbiologisierung des Weiblichen gewendet haben, müßte der Papst als erster unterstützen. Daß manche feministische Denkerinnen wie Simone de Beauvoir versucht haben, die vorgeblich menschliche, tatsächlich männliche Subjektnorm auch für Frauen zu reklamieren, war innerhalb der gegebenen Diskurse nur allzu verständlich.

Die Moderne ist in der Bestimmung dessen, was Mann und Frau sind, den umgekehrten Weg gegangen, den Ratzinger vorschlägt: Kommt es hier zu einer latenten Spiritualisierung von Biologie, so kam es dort zu einer Biologisierung von Spiritualität – einer historisch vorgängigen, vermeintlich irrigen Spiritualität, die als Opium für das Volk nach Aufklärung zu schreien schien und mit den Priestern Wesen schuf, die, um Hugo zu zitieren, weder Mann noch Frau waren. Der für die Moderne verhängnisvolle rhetorische Fehler der Literalisierung, das Patentrezept der

Reformatoren des Wörtlich-Nehmens des religiös Überlieferten, nahm seinen Lauf. Bis heute zeugt das Beharren auf biologisch buchstäblich unterstellten, natürlichen Geschlechtsidentitäten durchgängig von diesem »modernen« Traditionsstrang.

Die ideologische Gemengelage des nachrevolutionären Frankreich ist ein instruktives Feld. Richtete sich der Diskurs der französischen Aufklärung primär gegen die Monarchie, so der des Republikanismus des 19. Jahrhunderts gegen die katholische Kirche. Es ist mittlerweile Allgemeingut der Forschung geworden, daß Selbstentwurf und Selbstbeschreibung der Moderne der Religion und insbesondere der katholischen Religion den Prozeß machten. Anders als der Protestantismus geht der Katholizismus nicht umstandslos in der Ethisierung auf, sondern hält am sakramentalen Charakter der Kirche fest. Ebendies bekräftigt der Aufruf der beiden letzten Päpste von neuem, daß die Kirche von Maria her ihr Kirchesein neu lernen müsse und sie katholisch nur in dieser Zuwendung zum Zeichen der Frau sein könne. Die katholische Kirche wurde als kultureller Gegenentwurf zur Moderne, als elementare Bedrohung des Projektes der Moderne gesehen. Als das schlechthin Andere von Nation, Vernunft und Moderne wurde sie nicht nur mit Internationalismus, Irrationalität und Rückschrittlichkeit assoziiert, sondern in einem stark gegenderten Diskurs mit Weiblichkeit, sexueller Devianz und Hysterie gleichgesetzt. Katholisch wurde synonym mit Widernatürlichkeit. Im aufgeklärten modernen Diskurs des männlichen, nationalen, liberalen republikanischen Subjekts, der selbstredend hegemonial war, kam es zu einer Feminisierung des Katholizismus, einer Sexualisierung des Klerus und einer Pathologisierung der Gläubigen. Keuschheit, einmal im bürgerlichen Dispositiv der Sexualität reformuliert zur sexuellen Abstinenz geworden, hatte wenig Chancen.

So wurde in Frankreich der Versuch unternommen, im Namen des Bios auf den Spuren Luthers die »wahre und natürliche Familie« zu etablieren und eine endlich natürliche Geschlechterordnung zu propagieren, in der das als widernatürlich empfundene Zölibat und das Keuschheitsgelübde keinen Platz mehr haben. Zum Inbegriff der Pervertierung einer natürlichen Geschlechtlichkeit wurde die Marienfrömmigkeit; sie wurde als Gegenfigur, als Leugnung des »als Mann und Frau schuf er sie« interpretiert. Eine Jungfrauengeburt, gelesen als ein nicht vom Mann gezeugtes Kind, wurde im Diskurs der Sexualität zum Gipfel des Widernatürlichen. Der Autor, der dies am folgen- und einflußreichsten in seinem Gesamtwerk illustriert hat, ist ohne Zweifel Emile Zola. Der Katholizismus, eine im wahrsten Sinne des Wortes sterile Religion zum Tode, predigt die Fruchtlosigkeit und ist für Zola, um es mit Benedikt XVI. zu formulieren, schlicht die Leugnung des Bios. Gleichbedeutend mit männlicher Kastration und weiblicher, steriler, hysterischer, überschüssiger Leidenschaft stellt sie die Herrschaft von Vernunft, Wissenschaft und der Ordnung der Geschlechter in Frage. Mit einer seltenen Radikalität hat Zola sich dem Kampf gegen die Kirche, und im besonderen gegen den Marienkult, im Namen einer natürlichen Mütterlichkeit und einer gesunden Geschlechtlichkeit verschrieben: »als Mann und Frau schuf er sie.« Maria taucht im Zeichen der Hysterie und der Wollust auf. Das Ave Maria wird in seinem Roman *Une page d'amour* zum Kupplervers, der direkt in den Ehebruch führt, an dessen Ende – wie im 19. Jahrhundert gang und gäbe, deswegen aber nicht weniger rätselhaft – ein totes Kind liegt. Maria wird zur Feindin der Mütter und Ehefrauen, Schlinge, die zu Fall bringt, Kindesmörderin, Schirmherrin des leidenschaftlichen Ehebruches und der Hysterie.

Die widernatürliche Perversion des Marienkults illustriert besonders drastisch *Die Sünde des Abbé Mouret.* Maria taucht nicht als Erlösung, sondern als Perversion Evas auf. Das Christentum wird im Zeichen Mariens zu einer Religion nicht der Liebe, sondern der Verrücktheit, einer Religion nicht des Lebens, sondern des Todes. Den Abbé bringt Maria nicht nur um seine Männlichkeit, sondern um den Verstand. Verzehrt von delirierender Leidenschaft, fällt der Priester vor ihr – die hier bereits in der Lourder Gestalt der Immaculée Conception auftritt – in einem Hirnhautfieber zu Boden. Das hätte ihn in die Irrenanstalt gebracht, wenn er nicht durch Albine, neue Eva und Allegorie der Natur, wahre Frau, fruchtbare Mutter, geheilt und erlöst worden wäre. In einem *rewriting* der Paradiesszene hätten die beiden im Moment der Liebe nicht den Tod, sondern das ewige Leben gewonnen – wäre nicht der Katholizismus in der Welt, der sie aus dem Paradies vertreibt und ihre via Lebenszeugung gewonnene Teilhabe am ewigen Leben tödlich verkehrt. Beim Läuten des Angelus, das im Ave Maria den Engel der Verkündigung zitiert und Zeichen für Marias jungfräuliche Empfängnis ist, erinnert sich der Priester Serge an sein Gelübde und wird kurz darauf vom Erzengel alias Archangias aus dem Paradies vertrieben. Er opfert seine Liebe zu Albine seiner Liebe zu Gott und seinem Keuschheitsgelübde. Seine Männlichkeit verkümmert in dieser Abtötung des Fleisches; er wird, in Zolas Worten, kastriert, die schwangere Albine nimmt sich das Leben.

Die Welt des Katholizismus zeigt sich für diese neuen Evangelisten als zutiefst widernatürlich. Die göttliche und natürliche Mission des Menschen – Leben zu zeugen und dem Materialismus dieser neuen Religion zufolge unsterblich zu werden – wird durch die Herrschaft einer Religion der Widernatürlichkeit, des Todes und der Unfruchtbarkeit in einen bestialischen Akt verkehrt, Sexualität zu etwas Tierischem degradiert. Der allgemeinen Vertierung entsprechen auf seiten des auserwählten Klerus Entmännlichung und Masochismus. Signatur dieser perversen Welt: Maria, Jungfrau und Mutter.

Die endgültige Abrechnung mit dem Marienkult erfolgt im Roman *Lourdes*. Keuschheit wird nach den neuesten Kenntnissen der Psychiatrie als Hysterie gelesen. Die Vision der Unbefleckten Empfängnis ist nicht nur qua visio, sondern auch qua Inhalt – jungfräuliche Mutter – Symptom dieser Hysterie. Bernadette verfehlt als Jungfrau die natürliche Bestimmung jeder Frau, Ehefrau und Mutter zu sein und in den Kindern, die sie gebiert, unsterblich zu werden. Statt dessen ist sie bereits lebendig im Kloster begraben. Ihre Passion wandelt sich in dieser Perspektive in Blasphemie, ihre auserwählte Jungfräulichkeit in den Fluch der Unfruchtbarkeit. Die Geschichte einer Heiligen liest sich als Entartung von natürlicher Weiblichkeit; Signatur der Entartung: Maria.

Am Anfang seiner *Vier Evangelien*, an die er eine endlich natürliche, wahre Maria stellt, wird es aus Zolascher Perspektive besser, wenn auch ästhetisch vollkommen unlesbar. Diese Marianne ist eine neue Cybele, Fruchtbarkeitsgöttin und mit Haut und Haaren Ehefrau und Mutter. Wie allen positiven Heldinnen Zolas ist ihr im Ehemann ein Herr von dieser Welt und ein Leben außerhalb dieser Welt im abgeschlossenen Raum der Familie zugedacht. Sie gebiert jedes Jahr ein Kind, dessen Verkündigung litaneiartig wie das »Ave Maria« den Roman skandiert und als *introitus* über jedem neuen Kapitel steht. Qua Fruchtbarkeit triumphiert Marianne mit den Milchströmen des Paradieses im Zeichen des marianischen Attributs der Brust über Tod und Leidenschaft: endlich eine natürliche Frau, Urmutter eines neuen, bis an die Grenzen der Welt reichenden, ewigen französischen Imperiums, ganz von dieser Welt.

Am drastischsten jedoch ist der französische Historiker

Jules Michelet, immer am Puls neuer wissenschaftlicher Entdeckungen, für den jede Frau qua schierer Biologie zum Urbild der christlichen *sponsa* wird. Die Wahrheit des Weiblichen, der Ursprung des Lebens und des Liebens – ihr Bios – wird nicht der Kirche, sondern der Medizin geoffenbart. Die Schriften von Coste und Pouchet, die die Entdekkung des Eisprungs darlegen, sind der Fels, auf den Michelet seine Kirche der Republik baut (alles seine Metaphern). Jede Frau ist qua Biologie eine Heilige. Der Medizin wird die Aura religiöser Offenbarung verliehen. Es bedarf keines zweiten, von der Kirche gezeichneten Körpers und keiner zweiten Geburt: An die Stelle der sakramental eingesetzten Taufe setzt er das unauslöschliche Stigma der natürlichen, biologischen Prägung. Weibliche Biologie und Heiligkeit sind synonym geworden; ihr Reich ist nicht von dieser Welt. In die männliche Republik sind Frauen aufgrund natürlicher Heiligkeit nur im Ausschluß mit eingeschlossen. Michelet rückt in der Religion von Republik, Volk und Vaterland die verrückte Ordnung der alten Religion zurecht. Der Katholizismus wird, gerade weil er jeder biologischen Grundlage entbehrt, zur Fiktion, zum »roman de Marie« und »roman mystique« erklärt. Gegen diesen »Roman« stellt Michelet in männlichem Protest die Wissenschaft. Michelets neue Liebesreligion gründet auf einer wissenschaftlichen Basis; das soll sie so wahr wie natürlich machen.

Gegen Stigma und Liebeswunde, die religiöse Hirngespinste hysterischer Visionen seien und zur weiteren Hysterisierung führten, soll eine andere, von der Wissenschaft entdeckte, nachweisliche Liebeswunde treten, die Gebärmutter. Sie ist der rationale Ort, der reale Kern einer unbezweifelbaren Stigmatisierung. Im biologischen Unterschied sind die Identität und die Hierarchie der Geschlechter mit etabliert: Als Naturheiliges wird die Frau aus der Geschichte verwiesen, die Raum der Männer ist. In der christlichen Tradition besiegeln die Stigmata in der Entrückung einer völligen Hingabe an Gott, in der Gnade der göttlichen Liebesvereinigung, die Konversion des selbstbestimmten, selbstbewußten, selbstbeherrschten Subjekts, das als subiectum gezeichnet von diesem Anderen ein anderer geworden ist. Und ebendies wird die Ehefrau in der Micheletschen Ehe, gezeichnet von ihrem Mann.

Der neuen Wissenschaft der Medizin ist die Frau in ihrem Wesen, in Fleisch und Blut offenbart – nicht in einer Vision, sondern in der Anatomie. Die Wissenschaft hat das weibliche Liebesgeheimnis auf ganz und gar männliche Weise entrissen: durch Aufschneiden und Zerschneiden von mehr als 50 jungfräulichen Leichen, die die Regel des Blutens aller Säugetiere bestätigen. Das eigentliche Objekt der neuen Wissenschaften vom Menschen sind neben den Wilden und geistig Kranken die Frauen, die selbst – darauf beharrt Michelet – niemals Subjekt dieser Wissenschaft sein könnten. Das verbietet die Biologie, denn ihr Blut geriete mit tödlichen Folgen ins Stocken. Im Zeichen des Blutes, im Zeichen des Bios werden die Frauen von allen unabhängigen, außerhäuslichen, bezahlten Tätigkeiten und damit von jeder Autonomie ferngehalten. Jeder Beruf wäre für sie schlicht und einfach tödlich; zuträglich ist ihnen einzig die Hausarbeit. Das natürliche Stigma der Frau macht ihren Rückzug aus der Welt überlebensnotwendig. Was einmal als Übersteigung der biologischen Gegebenheit für beide Geschlechter gedacht war – eine Übersteigung, in der die Schwestern und Brüder in Christo gleich sein sollten –, wird jetzt der Frau als biologische Conditio auf den Leib geschrieben. Nie war die Frau vom Manne so verschieden. Michelet schickt sich an, die geistige keusche Liebe, in der die Frau sich an den himmlischen Bräutigam hingibt und gleichzeitig die Nachfolge des Kreuzesopfers antritt, als

Verkehrung von Wahrheit und Natur, von weiblicher Wahrheit und weiblicher Natur zu entlarven und so vom Kopf auf die Füße zu stellen. Die von Michelet entworfene Liebesehe, in der die Frau zur stigmatisierten sponsa Christi ihres weltlichen Ehemanns wird, rückt die Verrückung unter Inanspruchnahme der vermeintlich irregeleiteten Intention zurecht. *Effigies* des Schmerzenmannes und *vera icon* seiner Wunde wird die Frau in der Ehe durch die Funktionen von Menstruation, Beischlaf und Geburt. Das Mysterium der christlichen Erlösung ist zum biologischen Schicksal der Frau geworden.

Michelets medizinische Revision der Ehe war in mehrfacher Hinsicht eine groteske Verzerrung asketischer, mystischer Frömmigkeit. Politisch-ökonomisch gesehen verkehrte seine Pseudomystik die Effekte asketisch-klösterlichen Zusammenlebens. Dort überstiegen jungfräulich zusammenlebende Menschen die biologische Geschlechtlichkeit und wurden, wie Gregor von Nyssa sagt, »weder männlich noch weiblich«. Bestand die Heiligkeit der frühchristlichen Familien in Christo in dieser gnadenhaften Übersteigung der biologischen Voraussetzungen, so war die profane Heiligkeit, die Michelet als Grundzug der Ehe ins Auge faßt, synonym mit natürlicher Weiblichkeit, zum biologischen Schicksal geworden. Im Sex bestätigte sexuelle Identität und Ungleichheit der Geschlechter sollte an die Stelle einer in Transsexualität praktizierten Gleichheit der Geschlechter treten. Zur Matrix der neuen männlich-natürlichen Welt sollte eine mystisch-natürliche Liebeswunde werden, mit der die Frau von Natur aus geschlagen sei: Weiblichkeit als Stigma. Michelets Vorstellung einer idealen Ehe projizierte die bio-heterosexuelle Kleinfamilie auf die urchristliche familia in Christo und pervertierte deren Emanzipationsleistung durch das, was er, gedeckt von der Autorität der Medizin, in der Natur zu entdecken meinte und als Prophet proklamierte. In seiner Biologisierung von Spiritualität begeht Michelet, abgesehen von seiner reaktionären Politik, den grundlegenden rhetorischen Fehler, den mystischen Körper als einen buchstäblichen, fleischlichen, natürlichen zu lesen. Weil die Frau sich qua Natur preisgibt, steht der Mann um so sicherer in sich selbst. In seinem Bestreben, dem Wesen der Weiblichkeit männlich auf die Spur zu kommen, naturalisierte, animalisierte Michelet die anagogische Sinnrichtung der in ihr zu vollendenden Schöpfung.

Angesichts dieser grundsätzlich auf die natürliche Verschiedenheit der Geschlechter pochenden und auf Geschlechtsidentität beharrenden Tradition – die sich wohlgemerkt gegen das Jungfräulichkeitsideal der Kirche im Namen männlicher Selbstermächtigung entwickelt – ist es deprimierend, wenn ausgerechnet die katholische Kirche jetzt die *douceur du foyer* und ein bürgerliches Familienideal, beruhend auf der natürlichen Verschiedenheit der Geschlechter, predigt. Ihre Tradition birgt Besseres und Interessanteres. Um pragmatisch und mit einem Seitenhieb auf die propagierte bürgerliche, nun wirklich zeitgebundene Familienpolitik desselben Ratzingers zu schließen: Wenn das, was man »Fraulichkeit nennt, mehr als ein Attribut des weiblichen Geschlechtes ist«, sondern »die grundlegende Fähigkeit des Menschen« beschreibt, »für den anderen und dank des anderen zu leben«,[21] dann muß man sich fragen, warum nicht auch oder vielleicht gerade (historischer Nachholbedarf!) dem Mann die Chance gegeben werden sollte, dieser Fähigkeit des Seins für den anderen durch seine Sendung in der Familie nachzukommen, »seine ganze Zeit der häuslichen Arbeit zu widmen, ohne sozial gebrandmarkt und wirtschaftlich bestraft zu werden. Jene hingegen, die auch andere Tätigkeiten verrichten möchten, könnten dies in einem angepaßten Arbeitsrhythmus tun, ohne vor die Alternative gestellt zu werden, ihr Familienleben aufzugeben oder einer ständigen Streßsituation ausgesetzt zu sein, die weder dem persönlichen Gleichgewicht noch der Harmonie in der Familie förderlich ist.«

Die katholische Kirche sollte nicht mit Berufung auf natürliche Unterschiedlichkeit und Komplementarität der Geschlechter eine Geschlechterordnung propagieren, wie sie ihren Höhepunkt in der bürgerlichen Familie mit der Ehe als Versorgungsinstitution findet. Diese Form der Familie hat in Europa Gott sei Dank ihren Zenit überschritten. Gegen diese Form der Familie hat die katholische Kirche immer ein Mißtrauen gehegt; die Erziehung der Kinder hat sie lieber in die eigenen Hände genommen, als sie im Schoß der Familie zu belassen. Auf dem Terrain der auf eine Natürlichkeit der Geschlechter gründenden Familienpolitik waren ihr die Protestanten von vornherein überlegen. Die Kirche sollte sich auf ihre gerade in Geschlechterfragen oft widerständige Tradition besinnen und vielmehr an ihre großen Heiligen erinnern, denen gegen den Strom der Zeit die »Sendung der Frau in der Familie« nicht halb so sehr am Herzen lag wie ihre hingebungsvolle Liebe zum ersten besten Nächsten und zu Gott.

Anmerkungen

1 Ich konzentriere mich der Kürze wegen im weitläufigen Werk Ratzingers auf zwei Publikationen: Joseph Cardinal Ratzinger, Hans Urs von Balthasar, *Maria: Kirche im Ursprung*, Einsiedeln/Freiburg [4]1997, und Joseph Ratzinger, *Die Tochter Zion: Betrachtungen über den Marienglauben der Kirche*, Einsiedeln 1977.

2 Ratzinger, »Mein Wort kehrt nicht erfolglos zu mir zurück« (Eröffnungspredigt der Deutschen Bischofskonferenz 1979), in: *Maria* (s. Fußnote 1), S. 11f.

3 Vgl. Ernst Tugendhat, *Egozentrizität und Mystik: Eine anthropologische Studie*, München ^{2}2004.
4 Ratzinger, »Erwägungen zur Stellung von Mariologie und Marienfrömmigkeit im Ganzen von Glauben und Theologie«, in: *Maria* (s. Fußnote 1), S. 26.
5 Ratzinger, »Mariologie und Marienfrömmigkeit« (s. Fußnote 4), S. 26.
6 Ratzinger, »Mariologie und Marienfrömmigkeit« (s. Fußnote 4), S. 22.
7 Ratzinger, »Das Zeichen der Frau: Versuch einer Hinführung zur Enzyklika Redemptoris Mater«, in: *Maria* (s. Fußnote 1), S. 48.
8 Ratzinger, *Tochter Zion* (s. Fußnote 1), S. 70.
9 Ratzinger, *Tochter Zion* (s. Fußnote 1), S. 79.
10 Ratzinger, »Mariologie und Marienfrömmigkeit« (s. Fußnote 4), S. 27.
11 Ratzinger, »Du bist voll der Gnade«, in: *Maria* (s. Fußnote 1), S. 69.
12 Ratzinger, *Tochter Zion* (s. Fußnote 1), S. 21.
13 Ratzinger, »Et incarnatus est de Spiritu Sancto ex Maris Virgine...«, in: *Maria* (s. Fußnote 1), S. 78, zitiert Bernhard von Clairvaux, *In laudibus Virginis Matris, Homilien*, in: ders., *Opera omnia*, Bd. IV 8, Cisterc (Hg.) 4 1966/*Sämtliche Werke*, lat.-dt., Bd. IV, Gerhard Winkler (Hg.), Innsbruck 1993.
14 Ratzinger, »Mariologie und Marienfrömmigkeit« (s. Fußnote 4), S. 24.
15 Giorgio Agamben, *Homo Sacer*, Frankfurt/Main 2003.
16 Bernhard von Clairvaux, *Sermones super Cantica Canticorum/Predigten über das Hohelied*, in: ders., *Sämtliche Werke*, lat.-dt., Bd. V, Gerhard Winkler (Hg.), Innsbruck 1994/95, S. 137-147.
17 Exemplarisch: Carolyn W. Bynum, *Jesus as Mother: Studies in the Spirituality of the High Middle Ages*, Berkeley 1982.
18 Ratzinger, »Et incarnatus est« (s. Fußnote 12), S. 80.
19 Ratzinger, *Tochter Zion* (s. Fußnote 1), S. 51.
20 Vgl. Joseph Cardinal Ratzinger, Angelo Amato, *Schreiben an die Bischöfe der katholischen Kirche über die Zusammenarbeit von Mann und Frau in der Kirche und in der Welt*, S. 11.
21 Ratzinger, Angelo Amato (s. Fußnote 21), S. 9.

Bettine Menke

Ratzinger-in-Displacement

I.

Es ist ein intellektuelles Vergnügen,[1] sich mit den Lehren von der Eucharistie und deren Feier, der Transsubstantiationslehre, Fronleichnamsfest und gegenreformatorisch instituierter Prozession, den Varianten der *imitatio Christi*, Martyrium und Stigmatisation, der Drei-Personen-Lehre des einen Gottes, der Typologie und Figuraldeutung usw. abzugeben. Es ist ein intellektuelles Vergnügen, sich mit diesen Lehren, d. i. deren Komplikationen, die ihnen intern angehören, zu befassen: mit der Komplexität der Relationen des Figürlichen und Literalen, der Zeichen (für die und statt der Präsenz), der Evidenz eines Transzendentalen, den Paradoxien, die zu halten sind. Es handelt sich bei diesen Lehren um das Ausprägen von Redeordnungen, von Ordnungen der Zeichen und Figuren.

– Mit der Frage nach den (heute (?) in den Gesellschaften der Moderne (oder vermeintlichen Postmoderne (?)), wie stets wieder) vermeintlich fehlenden Werten (weder mit deren vermeintlichem Fehlen, noch mit der Werte vermeintlichen Beziehbarkeit aus dem Katholizismus) hat dies Vergnügen nichts zu tun.

Daß es sich um ein Interesse und Vergnügen an hochkomplexen Sprech- und Redeordnungen, an Darstellungen in ihren Dimensionen Mimesis und Theatralität und an deren Medien handelt, sollte nicht so mißverstanden werden, als habe das intellektuelle Vergnügen mit Wahrheit nichts zu tun, als handle es sich um eine ›ästhetische‹ Perspektive[2] derart, daß der Wahrheitsanspruch (der religiösen Rede) erst (noch) gegen diese Perspektive ins Feld zu führen wäre.[3] Weit gefehlt. Vielmehr gilt das intellektuelle Interesse, von dem ich spreche, diesen Sprach- und Redeordnungen, diesen Ordnungen der Darstellung gerade deshalb, weil diese von der Frage nach der Wahrheit gar nicht abzulösen sind – und umgekehrt: Sosehr dies ein Interesse an den *Zeichen* und Figuren ist und an dem *Denken* der Zeichenordnungen, und sosehr dieses Interesse daher der Poesie und der Poetik wie auch weiter den Darstellungen aller Künste angehört, sowenig ist dieses als ›ästhetisches‹ zu verbuchen. Denn es handelt sich gerade um das Interesse an einer Redeordnung, für die diese Unterscheidung (›Ästhetisches‹/›Wahrheitsanspruch‹) keinen Sinn macht und die Entgegensetzungen Form vs. wahrer Gehalt, Figur oder Vermittlung vs. authentischer Zugang oder authentische Gegebenheit unzutreffend sind. Es handelt sich nicht um »Formen ästhetisch vorgeführter Religiosität«,[4] sondern die theologische Lehre selbst wird ausgebildet *als* Lehre von den Zeichen und den Modi des Bezeichnens (dafür steht der Name Augustinus). Theologen müssen gute Zeichentheoretiker sein. Die theologische Wahrheit ist nicht ablösbar von den *termini technici* der Darstellung, der Zeichen und Figuren: von *signis*, *typos*, *schema*, *figura*,[5] von *persona*, *hypostase* usw. Das gilt für die brisantesten theologischen Fragen, die Begründung des Christentums in der ›Relation‹ zum Judentum, die als Typologie formuliert wird,[6] die Trinitätslehre, die im Begriff der *persona* exegetisch begründet ist,[7] das Konzept der Inkarnation, der *imitatio Christi* und der Eucharistie. Umgekehrt ist die Theologie dadurch Ort der zeichentheoretischen Einsichten, der Reflexion auf die Zeichen, die Figürlichkeit, die Möglichkeit (und Gefahr) der Bilder. Für den sakramentalen Repräsentationsbegriff, die Realpräsenz im Sakrament der Eucharistie ist die unlösbare Doppeldeutigkeit von Repräsentation entscheidend, nämlich als Vergegenwärtigung einer Sache oder als ihre Darstellung mittels Zeichen, die zugleich (so die Einsicht Pascals) deren *Verbergung* im Zeichen ist.[8] So ist (wie Louis Marin gezeigt hat) die Theorie des Zeichens in der jansenistischen *Logique de Port-Royal* (1662-83), in der die Struktur des Bezeichnens als Repräsentation gedacht wird,[9] rückgekoppelt mit der Frage der Realpräsenz im Sakrament der Eucharistie, mit dem Mysterium der Transsubstantiation und der Frage der materialen Präsenz durch die Inkarnation Gottes.[10] Das eucharistische Modell der Realpräsenz stellt die semiotische Matrix als solche; das zeigt die Analyse der Worte der Konsekration, des Satzes *hoc est corpus meum*:[11] »One sign hides another first-level sign that it reveals in the form of a second-level sign or figure«;[12] »bread and wine are no longer [nach der Äußerung des Satzes] things but signs instead [...] that hide [...] the body of Jesus Christ as a thing, and reveals it as symbol.«[13]

Theologie ist Ort von Zeichentheorie und Figurenlehre; Dogmenbildung vollzieht sich als Entscheidung über die Figürlichkeit. Figuren sind Konzepte. Und sie sind, wie etwa *persona*, ›Konzepte‹ insofern, als diese Figuren durch ihre beiden Abhänge, hier: figürlicher Fiktionalität und remythisierender Verselbständigung, bestimmt – und als Konzepte gefährdet sind: Die (fingierte) Person machte gleichzeitig zwei theologische Probleme, die vom theologischen Vorteil der Figur unablösbar sind.[14] Vom Dogma sprechen heißt zugleich, je von dem zu sprechen, was dadurch, daß dieses einerseits ausgeprägt wurde, andererseits zu Häresien geworden sein wird. Da die Entscheidung über die Figürlichkeit (einerseits) gerade das Halten von Spannungen zwischen – und das Aushalten von – Paradoxien ermöglichen muß, ist – und bleibt – sie daher (andererseits) durch die *in* der (und als) Figur gehaltene Spannung von ihren jeweiligen Zügen oder Abhängen bestimmt.

So macht (etwa) Typologie als *konstitutive* christliche Lektürestrategie, in der das Christentum sich in Relation zum (dann sog.) Alten Bund begründete, die innere Spannung von Wiederholung und Überbietung aus, die in der Relation von *figura* und (deren Wiederholung und) Erfüllung zusammengehalten werden.[15] Sie wird gekennzeichnet durch Schriften wie den Hebräerbrief, der zitationell ans Alte Testament rückbindet, einerseits und die radikal überbietende Abkehr vom Judentum im (dann apokryphen) Barnabasbrief andererseits, der die Momente ›Entsprechung‹ und ›Überbietung‹ in der Wiederholung auseinandertreibt, indem die Einlösung des Alten, das rückwirkend als *typos* des Neuen gelesen wird, dessen Gültigkeit bestreitet. Die ›konsequente Durchführung der neutestamentlichen Verchristlichung des Alten Testaments‹ im Barnabasbrief, seine Radikalisierung der paulinischen Argumentation, nach der die Kontinuität der jüdischen Tradition christlich das ›verstockte Haften am bloßen Buchstaben‹ heißt, wird allerdings selbst zum Problem: Die christliche Figuraldeutung mußte den Bruch mit dem ›Buchstaben‹, der (›für uns‹) doch schon erfüllt sei, vermeiden, um Gnostisches abzuwehren, namentlich die gnostische Absage an den demiurgischen Schöpfergott des Alten Testaments, der auch der des Christentums ist.[16] Die theologisch verhandelten, kontrovers ausgetragenen, dogmatisch festgestellten und doch stets wieder virulenten Fragen sind solche der Figürlichkeit. In der Figur, *figura* erhalten sie ihre ›Lösung‹, *insofern* diese die Spannung aufrechterhält.

Die Lehre oder Offenbarung ist (gar) nicht nackte Wahrheit, sondern in der Figur ausgehaltene Paradoxie, die in der Figur gehaltene Spannung zwischen Anwesenheit und *Entzug* der Göttlichkeit (mit dem Wort, mit dem J. L. Nancy die drei Monotheismen (gegenüber den Polytheismen) kennzeichnet, um jene Überschreitung des Christentums zu denken, die in diesem Zug des Entzuges dem Christentum selbst angehöre).[17] Die in der Figur gehaltene Spannung zwischen Entzug und Manifestation ist in der christlichen Tradition insbesondere durch die Inkarnation und die (Auffassungen der) Eucharistie ausgearbeitet worden: als *Paradoxie* von Realpräsenz und ritueller und insofern zitationeller Wiederholung als Mimesis oder Theatralität, als memoriale Wiederholung und eschatologischer Aufschub, als gegenseitige Angewiesenheit und Widerstreit von Mimesis und Performanz.[18] Die gern berufene ›ästhetische‹ Geschlossenheit, mit der die Lehre sich darstelle, die zu dem Prädikat ›gemeißelt‹ verführt hat,[19] wird in einer ›längeren Perspektive‹ jenes intellektuellen Aufschlusses, der in der Sache der Zeichen und Figuren zu gewinnen ist, vielmehr als jeweilige Ausprägung der auszuhaltenden, der unhintergehbaren Spannung betrachtet werden müssen. Deren *Unauflösbarkeit* macht die (Dogmen-) *Geschichte* aus. Kennzeichnet zum einen das, was als Häresie gelten wird, (negativ) die wahre Lehre selbst,[20] so befindet der religiöse Diskurs (der katholischen Kirche) sich zum andern im Zwiespalt zwischen der dogmatischen Lösung figürlicher Vergeistigung und populären religiösen Praktiken,[21] die auf der wörtlich genommenen Körperlichkeit der Realpräsenz beruhen.

In der christlichen Tradition wird die Frage des Sich-Darstellens oder der Manifestation einer transzendentalen Instanz, der *Evidenz*[22] eines Unsichtbaren, ausgeprägt im Verhältnis von Geist und Fleisch.[23] Entscheidend sind das Modell der Eucharistie als Garantie der Realpräsenz des geopferten Körpers *in figura* und die Präsenz dieses Körpers in der *imitatio Christi* des von den Wundmalen gezeichneten Körpers. Die Eucharistie ist als Feier der Realpräsenz gekennzeichnet durch Mimesis und Theatralität, Repräsentation und die performative Kraft[24] der Zitation, Wiederholung *und* Vollzug – als *incitation* dessen, was sie zitationell voraussetzt und wiederholend bekräftigt, als *excitation* dessen, was sie beruft. Wenn die Transsubstantiationslehre als das unterscheidende Dogma der Kirche und damit die Paradoxie der religiösen Evidenz (zu sehen gibt das Brot (als Ding) die Verborgenheit)[25] in Fronleichnamsfest und Prozession ihre gegenreformatorische Darstellung erfährt,[26] so wiederholt diese die eucharistische Spannung von Darstellung und/als Performanz, die so paradoxal wie wirksam miteinander verbunden sind, wiederholt ist in der theatralen Versicherung der Permanenz der *Realpräsenz* (des figürlich gegenwärtigen Leibes) die paradoxale Spannung von Realpräsenz und Performanz.

Sind theologische Fragen solche der Darstellung (in ihren Dimensionen und deren Widerstreit), so haben umgekehrt religiöse Motive, insbesondere die der ›Mitteilung‹ oder der Teilhabe an einer transzendentalen Instanz, die sich manifestiere, und die Evidenzen dieser Manifestation besondere Anziehungskraft für die Darstellungen in Texten, Bildern, auf dem Theater, denn sie vermögen für diese Darstellungen eine spezifische Funktion zu haben als Abbildungen der (Modi und Medien der) Darstellung innerhalb dieser selbst, als *mise en abyme* oder Reflektion der Darstellung auf sich selbst. Texte, Bilder oder das Theater nehmen mit der dargestellten Medialität des Religiösen, der Medien (der Übertragung) eines Transzendentalen, Bezug auf die ›Darstellung‹ selbst, auf deren Medialität, deren Modi und Dimensionen; sie formulieren Zeichen- und Bildkonzepte, indem sie die Zeichen- und Bildgebung (*acheiropoietos*) und die Macht des Zeichens oder Bildes vorstellen.[27] Bildnerische Darstellungen der Verkündigungsszene etwa verhandeln (in vielfacher Weise) die ›Niederkunft‹ des Geistes im

Fleisch in der mehrfachen Medialität von *logos*, den gesprochenen Worten, der Schrift, jungfräulichem Leib und Gemälde. Die Transsubstantiation wird als poetische Metapher gerade auch wieder um 1800 und im 19. Jahrhundert bemüht, und zwar für das Phantasma der Möglichkeit, in den Worten die *korporealste* Wirklichkeit zu erreichen.[28] Martyrien auf den (barocken) Bühnen sind Szenen der Theatralität des Märtyrertums und verhandeln mit der problematischen Sichtbarkeit der *imitatio Christi* als Bezeugung die des Theaters; sie haben metatheatrale Funktion.[29]

Derart, in Perspektive der *Darstellung* auf Theologie und die religiösen Praktiken, wird also keineswegs unterstellt, es gebe bei diesen Zeichen- und Figurenordnungen, bei diesen Darstellungen als Re-Präsentation und Performanz kein Interesse an Wahrheit, sondern das Interesse gilt ihnen eben darum, weil Wahrheit und die Ordnung der Zeichen und Figuren, zwischen Mimesis und Theatralität, Repräsentation und Performanz, unauflösbar zusammenhängen. – Und zwar genau so, daß damit dem Naturalismus, der dem 19. Jahrhundert angehört,[30] der naturalistischen Auffassung der Figürlichkeit und der Referenz der Zeichen widersprochen wird. So trifft Meinecke, wenn er »in die Theologie einsteigt – Transsubstantiationslehre, Unbefleckte Empfängnis, der Marienkult, das Weibliche in der Eucharistie –«, auf die »Verbindung von fortschrittlicher Theorie (was für mich immer ›feministische‹ Theorie bedeutet) und mittelalterlichen zeichentheoretischen Überlegungen, die in den Klöstern geleistet wurden«.[31] Die derart angezeigten »Verbindungen« sind in den Konzepten der Zeichen gegeben – als den Orten und den Modi des Aushaltens von den Paradoxien der Figürlichkeit der (korporealen) Präsenz (als Repräsentieren und Verbergen). Die komplexen religiösen Zeichen- und Figurenordnungen taugen dazu, die Opposition von Authentizität und Mittelbarkeit, die seit dem 18. Jahrhundert selbstverständlich zu sein scheint, zu hintergehen: Für sie greift die seit der Mitte des 18. Jahrhunderts geläufige Entgegensetzung von Rede, Figuration usw. und dem (religiös) Authentischen oder der Sprache des Herzens nicht. Authentizität (macht entweder als Terminus gar keinen Sinn oder) ist eben gar nicht ablösbar von ihrer Vermitteltheit, der Figürlichkeit. – Dies zeigen die Stigmata, so wunderbar ihre Wundenzeichen sind.[32]

Die von Meinecke berufene Verbindung von mittelalterlichen Zeichenordnungen und neuen feministischen Theorien richtet sich gegen die Selbstverständlichkeit naturalistischer Unterstellungen. Da das theologische Denken von Zeichen und Figürlichkeit – nachträglich – präzise den naturalistisch kurzschlüssigen Referentialisierungen entgegnet, tritt es in eine rückwirkende Konstellation der Lesbarkeit mit jenen Diskursen, die Meinecke in vergleichbar eindrucksvoller Mimikry in *Tomboy* und *Musik* ›spricht‹, d. i. *zitiert*, den feministischen Theorien, die die im 19. Jahrhundert unter dem Namen der *Geschlechtscharaktere* naturalistisch aufgefaßte Geschlechterdifferenz durchkreuzen. Die *zitierende*, d. i. stets auch entwendende, Wiedereinführung dieser Auffassung von Figur und Korporealität in den Zusammenhang zeitgenössischer Reflexion taugt zur Durchkreuzung der Opposition von Zeichenordnung und Wirklichkeit, von Vermittlung und Authentizität bzw. des Phantasmas einer Wahrheit, deren Evidenz wörtlich aufgefaßte körperlich-wirkliche Sichtbarkeit wäre. Dem gilt das intellektuelle Interesse. (Es sind dies Oppositionen, die so selbstverständlich scheinen,[33] daß sie erst und allenfalls durch ominöse ›Dekonstruktivisten‹ in Frage gestellt würden, die alles unnötig verkomplizierten.)

Motiv und Modus dieser Bezugnahme ist die wiederholende Zitiertheit, die *Zitation*, die die Eucharistiefeier ebenso ist wie die *imitatio Christi*, in der korporeal das

›Bild‹ des passionierten Leibes Christi vorgestellt ist. Die internen Spannungen von Verborgenheit im Zeichen und mystischer Präsenz, von Anwesenheit, Mimesis und Theatralität, zwischen theologisch geregelter Figürlichkeit und in populären Praktiken verwörtlichter Korporealität[34] wiederholen sich, sind auszuhalten und haben ihre wiederholenden Inszenierungen; sie produzieren ihre drastisch szenischen Auftritte ebenso wie schlichtende Kanonisierungen (und Ausschlüsse) und Fixierungen (im Bild).[35]

Die Nähe von »fortschrittlicher«, d. i. »feministischer Theorie und mittelalterlicher Zeichentheorie«, die Meinecke anzeigt, betrifft (vor allem) die Konzepte des Körpers. Das leidende, passionierte, das impressionable Fleisch ist, so wird insbesondere im 13. Jahrhundert ausgeprägt, in dem auch die Verehrung der Eucharistie aufgewertet wurde, (figürlich) weiblich.[36] Stigmata (d. i. der das Martyrium als äußere Wundenschrift ablösende Modus der *imitatio Christi* als innere Teilhabe) bezeichnen den Körper als geistigen, als der ›Vergeistigung‹ fähigen.[37] In den Stigmata als Wunder-Zeichen, *signis prodigiis*, ist die Passion gegenwärtig im Modus der *imitatio*, der Repräsentation, ausgeführt als *mise in scéne* des abwesenden Körpers des Herrn, d. i. dessen mimetische und theatrale ›Präsenz‹ im stigmatisierten Körper. Es handelt sich um *imitatio*, deren korporeale Repräsentation performativer Natur ist. Die Figürlichkeit unmittelbarer Anwesenheit hält eben jene Paradoxie und jene Spannung aus, die in der theologischen Lehre der Stigmata gesucht wird und gehalten werden muß. Diese Paradoxie kollabiert, wenn die Figürlichkeit der Körperzeichen auf deren Korporealität naturalistisch verkürzt wird. Dazu tendiert das Konzept der Stigmata als Figur schon von Beginn (seit dem 13. Jahrhundert) an,[38] und diese Tendenz zur Korporealität schlägt im 19. Jahrhundert durch. Im 19. Jahrhundert wird die Versicherung des Sinns der Zeichen mit neuer Dringlichkeit gesucht; die Referenz der Zeichen soll beglaubigt werden in der Deutung von Körperinschriften als evidentieller Zusammenhang von Geist und Zeichen, als Übertragung einer geistigen Erfahrung in ein leibhaftiges Zeichen, in dem diese Übertragung eine *paradoxe Evidenz* gewinnt. In der Faszination, die geistige Wunden als *körperliche* Manifestationen gerade im 19. Jahrhundert gewinnen, manifestiert sich eine neue Besessenheit von Referenz; der (männliche, nicht nur klinische) Blick war »besessen vom ›wahren Augenblick‹ einer ›Enthüllung‹ des ›realen Körpers‹«.[39] Diese Faszination spricht zugleich von einer Beunruhigung. Wenn Stigmata – korporeal – die Evidenz der Zeichenrelation zu geben scheinen, stehen sie zugleich für einen und statt eines Mangels: Sie sind Fetische der Referenz. Die Verfleischlichung der paradoxen Evidenz der Wundenschrift, der figürlichen Körperzeichen in ihrer naturalistischen Fehllektüre schließt Zeichen und Referenz kurz und verfehlt derart eben das, was gesucht wird: den evidentiellen Zusammenhang von Zeichen und Geist als Garantie von Referenz. Der fleischliche Naturalismus der blutigen Sekrete (der Stigmata) ist Effekt vergessener Figürlichkeit des Fleisches. Aber es handelt sich dabei nicht bloß um Verfallserscheinungen, sondern die nachgetragenen, die zitationellen Phänomene realisieren, was als Hang zur Korporealisierung dem Phänomen der ›Stigmata‹ von Beginn an angehörte, und sie bezeugen eine korporeale Evidenz durch Nachträglichkeit, die die unter dem Namen *Stigmata* verhandelten Phänomene bereits ›von Beginn an‹ ausmachte.[40]

II.

Die Wahrheit, die ihr Medium an der Darstellung hat, die *als* Frage der Darstellung, der Zeichenordnung(en) sich stellt, ist mit dem ominösen Habermasschen »Wahrheitspotential« der Religion(en?) inkongruent, gar inkompatibel, mit dem Habermas sich in ein (zu leichtes) Einverständnis mit Ratzinger setzen mochte. Denn wie anders wäre ein »Wahrheitspotential« zu verstehen, als daß es – als Potential – erst in seiner Übersetzung in eine andere, die Sprache der Philosophie (?), als Wahrheit sich realisierte?[41] Zu Recht ist Habermas' – nicht erläuterte – Rede von der *Übersetzung* als entscheidend für seinen Vorschlag gekennzeichnet worden, und (daher) aus durchaus verschiedenen Perspektiven befragt worden.[42] Handelt es sich dabei um die Übersetzung eines (mit sich selbst) identischen Gehalts in verschiedene Sprachen? Gibt es überhaupt eine Übersetzung, die bestehen ließe, was vermeintlich als Gehalt ›übersetzt‹ wird? – So wäre aus der Perspektive der (übersetzten) Religion zu fragen. – Setzte dies nicht voraus, daß der Gehalt von der Sprache, in der er formuliert ist, ablösbar wäre? Untersteht die übersetzende Sprache dem Übersetzten, dem vermeintlichen Gehalt oder der übersetzten Sprache – und was bedeutete das für die Übersetzung oder die Sprache, in die übersetzt wird? – Das wäre die Frage, die aus der Perspektive der Philosophie an Habermas' Vorschlag, sie möge übersetzen, zu richten wäre. – Oder aber handelt es sich um eine ›säkularisierende Übersetzung‹, die zwar dieselben Formeln (noch) übernimmt, um in und unter ihnen aber das durch diese Gedeckte neu konzipieren zu können?[43] Zu leicht ist das Einverständnis von Habermas mit Ratzinger aus beider jeweiliger Perspektive, betrachtet man das Geschehen, das die Übersetzung wäre, genauer in bezug auf die »optimistische Grundannahme«, die (so Brumlik) Habermas machen muß: ›Eigentlich‹ war doch schon immer dasselbe gemeint.[44] »Die Übersetzung der Gottesebenbildlichkeit des Menschen in die gleiche und unbedingt zu achtende Würde aller Menschen ist eine solche rettende

Übersetzung«, sagt Habermas.[45] Was Habermas zufolge als sogenannte »religiöse[n] Verkapselung« eine Formsache wäre, ist aber durchaus die Sache selbst. Die ›Gottesebenbildlichkeit‹ (durchaus ein Konzept, das entzweit,) ist keineswegs unberührt von ›Form‹fragen; sie betrifft Fragen der Ab-Bildlichkeit, deren (Un-/)Möglichkeit, der inneren Schrift und der Evidenz des Transzendentalen.[46] So wurde das »Modell der reziproken Ähnlichkeit zwischen Mensch und Gott [...] *sub specie passionis*«, in der christlichen *imitatio*, in Martyrium oder »in der Christus-Nachfolge des Franziskus, aufgegriffen«[47]und dadurch modelliert.

Dem, was im Übersetzen geschieht, und den Voraussetzungen, die die Übersetzung über die Sprache(n) und deren Relationen macht, sind nicht nur (Habermas wohl) verdächtige Kandidaten, wie J. Derrida, P. de Man, nachgegangen, sondern gerade auch jener Walter Benjamin, den Habermas so gerne aktuell wie einstmals für eine rettende Übersetzung (religiöser Gehalte?) in Anspruch nehmen zu können meint.[48] Das hatte mit Benjamin und seinem Bezug auf Theologie, der genau *Nicht-Relation* ist, noch nie viel zu tun. Habermas' Bezugnahme auf Benjamin ignoriert, wie genau ›Rettung‹ im Schreiben Benjamins im Medium von Übersetzung und Zitation sich derart vollzieht, daß jede Vorstellung von einem mit sich identischen Gehalt durchkreuzt ist. Walter Benjamin hat Übersetzung und Zitation als Mortifikation und Entwendung konzipiert. Demnach gäbe es keineswegs an kulturellen Beständen, seien es die der Literatur oder die der Religion(en), ›Wert-Ressourcen‹ abzuholen (so aber die Anmutungen an Kultur und die Geisteswissenschaften jüngst noch, immer wieder).

Benjamins Bezug auf Theologie, der *Nicht-Relation* ist, das ›Messianische‹ etwa seines *Theologisch-Politischen Fragments*,[49] kann genauer durch Formulierungen Derridas in den Blick genommen werden. Ohne die durch den Namen ›das Messianische‹ bezeichnete Dimension – »aus der Erfahrung, die sich von dem affizieren läßt, der (das) kommt, also vom *kommenden anderen,*« – »gäbe [es] keinen Bezug zur Besonderheit des anderen«,[50] d. i. jenen Bezug, der Gerechtigkeit erst und allein ermöglichte *und* je schon zur paradoxalen Anforderung macht.[51] Es geht um einen »unbedingte[n] Verzicht auf die Souveränität«, der sich »aus der Erfahrung, die sich von dem affizieren läßt, der (das) kommt, also vom *kommenden anderen*, [...] als *a priori* erforderlich« »erweist«, der »zugleich den Gedanken an die Unvorhersehbarkeit eines Ereignisses nahe[legt], das notwendigerweise in keinem Horizont liegt, die einzigartige Ankunft des anderen und folglich eine *schwache Kraft*. Diese verletzliche, kraftlose Kraft setzt sich dem Kommenden, der (das) sie affiziert, bedingungslos aus.« »Einmal mehr ähnelt die [...] Behauptung einem messianischen Glaubensakt – freilich einem irreligiösen Glauben ohne Messianismus« – so Jacques Derrida in *Schurken*.[52]

Ratzinger, der Gerechtigkeit als dem Staat immanente Aufgabe, die dennoch der Religion bedürftig sei, anspricht[53] (und sich darüber mit Habermas streiten müßte), wäre die Lektüre von Texten Derridas, wie die Beiträge in *Schurken* oder *Glauben und Wissen* u. a., zu empfehlen; dies scheint mir die angemessene Antwort zu sein auf Ratzingers Satz: »Der erkrankten Vernunft [...] bleibt nur noch das Auflösen, die Dekonstruktion [?!], wie sie uns etwa Jacques Derrida vorexerziert [!]: Er hat die Gastfreundschaft ›dekonstruiert‹, die Demokratie, den Staat und schließlich auch den Begriff des Terrorismus, um dann doch erschreckt vor den Ereignissen des 11. September zu stehen.«[54] Schwer einzusehen, was der hinzugesetzte Satz: »*Vernunft, die nur noch sich selbst und das empirisch Gewisse anerkennen kann*«, mit Derrida zu tun haben könnte, schwer zu glauben, daß Ratzinger selbst glaubt, mit dem Merksatz, der sich kursiv kenntlich macht, etwas zu Derrida zu sagen zu haben.[55] Was die sogenannte »erkrankte Vernunft« wäre, der – mit den Metaphoriken aller (Kultur-)Verfalls-Diagnosen – nur noch »Auflösung« bleibe, ist dem voranstehenden Satz zu entnehmen: Ihr »erscheint schließlich alle Erkenntnis von definitiv gültigen Werten, alles Stehen zur Wahrheitsfähigkeit der Vernunft als Fundamentalismus«.[56] Da bleiben viele Fragen erst zu stellen. Was wäre die »Wahrheitsfähigkeit der Vernunft«[57] (die in eigentümlicher Spiegelverkehrtheit zum Habermasschen ›Wahrheitspotential‹ der Religion steht)? Und wie verhält diese sich zu den »definitiv gültigen Werten«? Wodurch werden Werte gültige? Und was macht »gültige Werte« zu »definitiv gültigen«?

Den Namen ›das Messianische‹ führt Derrida als Indiz einer Konstellation von »Glauben und Wissen« an;[58] Derrida sieht mit den religiösen »Namen« die Stellen markiert, an denen Vernunft auf Heterogenität, Wissen auf den Glauben bezogen ist, ohne diesen Bezug innen einschließen zu können. Die mit dem ›Messianischen‹ angezeigte nicht-integrierbare Singularität, die und deren Paradoxie: deren Vielheit, Gerechtigkeit einerseits erst zu denken gibt, kennzeichnete Derrida in seiner Lektüre von Benjamins *Kritik der Gewalt* andererseits als und durch die ›Gefahr‹ der radikalen Dichotomie, in die Benjamin Recht und Gerechtigkeit treibt, als Dichotomie von zwei heterogenen Ordnungen, die jede »Repräsentation« ausschließe.[59] Der Einbezug dieser Diskussion um Gerechtigkeit, die durch die Eigennamen Benjamin und Derrida bezeichnet ist, würde erst die um ›Politik und Theologie‹ eröffnen (die Habermas und Ratzinger gar nicht führen).[60] Die durch den Namen ›das Messianische‹ (Derrida zufolge) angezeigte Aufgabe der Vernunft ›im Bezug‹ auf das ihr Heterogene wird mit einer ›von der Perspektive Gottes her‹ »gereinigten Vernunft« (Ratzinger)[61] keineswegs übereinkommen.

Daß die säkulare Gesellschaft keiner heteronomen Begründungen ihrer ›Grundlagen‹ oder ›Quellen‹ bedarf,[62] daß die moralische Fundierung durchaus für die säkulare Gesellschaft vollständig von innen, d. i. durch Vernunft, begründbar sei, davon geht Habermas aus (im ›Gespräch‹ mit Ratzinger, genauerhin in seinem als Aufsatz lesbaren Vortrag bei Gelegenheit des Zusammentreffens in der Katholischen Akademie, ohne daß er bemerken mag, daß Ratzinger das durchaus anders sieht).[63] Habermas richtet sich dabei[64] nicht nur gegen Carl Schmitts Begründung der staatlichen Souveränität in der Entscheidung (über den Ausnahmezustand), sondern implizit auch gegen jene Figur, die Derrida bei Pascal und Montaigne als ›mystische Fundierung‹ des Rechts lesbar gemacht hat. Derridas Lektüre zufolge sind es gerade die Absenz und Überflüssigkeit jeder Fundierung jenseits der bloßen Existenz des Gesetzes, die ›mystische‹ Dimensionen annehmen.[65] Mit der von Habermas behaupteten (möglichen) Immanenz aller der säkularen Gesellschaft notwendigen Begründungsansprüche gibt es allerdings überhaupt keine Notwendigkeit (der Zugabe) eines begründenden Bezuges auf die Religion. Der Wertebezug (in ›entgleisender Säkularisierung‹ oder ›Modernisierung‹)[66] wäre dann aber entweder vollständig arbiträr[67] oder bezieht allein das, was auch anders gegeben und zu begründen wäre.

Wenn Habermas' Bezug auf die Religion(en), die als Wertressource soll(en) herhalten können, nicht sehr spezifisch ist und nicht sein kann, dann korrespondiert dem Ratzinger, wenn er für die unterstellte Begründungslücke der (stets schon post-)säkularen Gesellschaft[68] die ›Werteordnung‹ eines universalen Christentums oder gar der monotheistischen Religion(en?), aber ausdrücklich nicht im Sinne von Offenbarungswahrheiten, aufbietet. Ratzingers Grundlegung der säkularen Vernunft empfiehlt die christliche Religion für einen rückversichernden Bezug in Termini von ›(unsere) Kultur‹: europäische »Kultur« oder »christliche Tradition«.[69] Wenn die Berufung solcher traditionellen kulturellen Bestände, die hier »christlich« sollen heißen dürfen, doch der Kirche kaum genügen dürfte,[70] so haben diese und deren Berufung aber auch keinen anderen Grund und keinen weiteren Bestand als eben »Tradition«. Wo diese nicht bereits gegeben ist, sondern zu ihr »zurück[zu]finden« wäre, mag zwar appelliert werden,[71] aber dieser Appell ist *grundlos*, *haltlos* – wie der vermeintlich ›entgleitende Relativismus‹, als den Ratzinger die Moderne kennzeichnet. Adorno bezeichnete diese Aporie (in *Vernunft und Offenbarung*, einem Text, auf den Ratzinger sich berufen hat): »Damit ich den Offenbarungsglauben annehmen könnte, müßte ihm meiner Vernunft gegenüber eine Autorität zukommen, die bereits voraussetzte, daß ich ihn angenommen habe.« »Ist einmal die Religion nicht länger Volksreligion, [...] so wird sie zu einem unverbindlich Ergriffenen, einer autoritären Weltanschauung, in der Zwang und Willkür sich verschränken.«[72] Ist nicht jeder sogenannte ›Relativismus‹ stets schon notwendig ›entglitten‹ – und keineswegs zu stabilisieren durch Berufung auf ›definitiv gültige Werte‹? Das ›Definitive‹ der Gültigkeit wäre nichts als arbiträre Berufung – wo diese Werte nicht (unbefragt: ›von selbst‹) selbstverständlich sind. (Ratzinger wird (als Theologe) nach dem Falschen gefragt, wenn man von ihm etwas zum ›Wertefundament‹ der Moderne hören will.) Der ›Selbstverabsolutierung‹ der Vernunft, die als ›von Gott gänzlich losgelöste Vernunft‹ nur ›erkrankt‹ sein könne, ist nicht mit ihrem Verweis auf eine anderswoher zu beziehende Gewißheit zu antworten, das sie gründen und halten solle.[73] Umgekehrt ist Philosophie als »öffentliche Sache«, die sie ist, (so Derrida) »frei von den Banden, die sie an äußere [...] Macht fesseln: Befreiung von der religiösen

Dogmatik, Orthodoxie oder Autorität, was freilich nicht schon bedeutet, daß die Philosophie von allem Glauben frei ist«.[74] – Jacques Derrida, der so genau die Aporien der selbstgewissen Vernunft sich zu denken vornimmt, dem es um das Denken und das Artikulieren des Heterogenen, der Singularität des anderen zu tun ist, würde beiden, Habermas und Ratzinger, die eine bemerkenswerte, jedenfalls weithin vermerkte Allianz derjenigen bilden, die beide Religion als Wertressource ins Spiel bringen, das vorstellen, was beider vermeintliche ›Territorien‹ nicht sich fügt und daher auch nicht im Modell der »Grenze« (zwischen in sich abgeschlossenen Territorien) aufzufassen ist, jene Heterogenität, die beider Allianz in den Blick zu nehmen hindert.[75] Weder die Reflexionsnotwendigkeit noch die Lösung an ihrer Stelle wird von außen, als einem anderen wiederum abgegrenzten Territorium, angegeben, sondern ist als der Vernunft Überschreitung zu denken (die sie nicht souverän beherrscht), die ihr im Innern eingeschrieben ist, ohne diesem je integriert zu sein. – »... überall dort, wo eine Tradition auch von sich aus darauf hinausliefe, mit sich zu brechen, und das per definitionem nur in einer stockenden, unschlüssigen schwankenden Weise tun kann«.[76] Derrida, dem zufolge die Vernunft nicht souverän sich und ihre Ansprüche begründet, wäre das ungemütlichere Gegenüber für Habermas wie für Ratzinger, gegenüber dem er bestreiten würde, daß ein ›Fehlendes‹ im Format von Werten (einer anderen Souveränität und Autorität) gegeben wäre, in dem Ratzinger Religion als Rückversicherung im Angebot hat.

Die Nähe der von Meinecke im »Ratzinger-Monolog« zitierten Zeichenordnungen oder Diskurse zu jenen, die er in vergleichbar eindrucksvoller Mimikry in *Tomboy* oder *Musik* (zitierend) spricht, ist eine der Reflexion von Figur und Fleisch. Und sie betrifft die Zitiertheit und Zitierbarkeit aller Rede, die Meineckes Texte vorführen, die sie vollziehen und inszenieren – und zwar so, daß eine Inkongruenz zwischen zitierend Angeführtem und in Anspruch Genommenem und dem Sprecher merklich wird.[77] Gegenstand und Modus seines Textes ist die Zitation, die Nachträglichkeit und die De-Plazierung – in Zitationes, die Konstitution durch Entwendung. Mit der Zeichenordnung der Theologie richtet der »Monolog« den Blick auf den Diskurs, den Zusammenhang von Diskursordnung und Dogma, und *damit* auf die Deplazierung, die jede Berufung, Zitation als Wiederholung und *incitation*, auf diese Ordnung impliziert.

Vom Zitieren spricht die sprachliche Form von Meineckes »Ratzinger-Monolog«. Meineckes ›Ratzinger‹ führt den Diskurs *als zitierten*, als einen stets schon zitierten. Das (vermeintliche) Ich wird gesprochen; es wird als gesprochenes vorgeführt und als Figur des Gesprochenen aufgefaßt. ›Ratzinger‹ ist ein Sprecher in Zitationen (und sei es seiner selbst, dessen, was er wieder- und weiterspricht). Der Andere ist in die Rede von ›Ratzinger‹ bereits (vorweg schon) eingetreten. Als Zusammenhang der ›Tradition‹ betrachtet, wäre dies (weil der andere nicht anders denn als bereits homogener zugelassen ist) affirmiert und gemildert.

Die einzige Regieanweisung von Meineckes »Ratzinger-Monolog«, die man nicht hören, sondern nur lesen kann, lautet: »(Mobiles Telefon, Freisprechanlage)«. Vielleicht ist dies ein zu einfach, zu schnell gemachter Witz: »Glaube kommt vom Hören. Er ist nicht das Produkt eigener Entschlüsse oder Reflexionen«, das ruft die psychoanalytisch und medienphilosophisch bereits mobilisierte »Empfängnis durchs Ohr« auf.[78] ›Ratzinger‹ tritt nur als Sprechender auf und würde als ›Empfangender‹ gesehen. Das ist nicht nur ein Witz; denn *tele-phon* spricht von einer (das Hören bestimmenden) Teilhabe am fernen Ton in der Spannung zwischen Entzogenheit und nächster Teilhabe am Entfernten – als dem Gehörten, das als das Sich-Mitteilende gar nicht (als dessen äußerer Gegenstand) vom Gehör getrennt ist.[79] Meineckes *Monolog* ist die (medial naturalisierte) Rhetorik der Apostrophe unterlegt: die Rhetorik der fiktiven Anrede eines (jedenfalls auf der Bühne) Abwesenden.[80] Die Monologie sollte vom (aufs Ende des 18. Jahrhunderts zu datierenden) bürgerlichen Drama, das Szondi zufolge durch Dialoge, in denen Personen sich darstellen, organisiert ist, nicht zugelassen sein,[81] weil sie die *naturalisierende* Auffassung der Rede der Bühnenfiguren irritiert. Sie exponiert die *theatrale* Situation, die die Rede*szene* bestimmt, als solche.[82] ›Ratzinger‹ spricht als ein anderer. Derjenige, der spricht, spricht nicht als ›ich‹ *selbst*.

Anmerkungen

1 Meineckes ›Ratzinger‹ weiß das, S. 19f.; und Meinecke spricht im Interview mit Ina Hartwig von »intellektuelle[r] Faszination«, die die Kirche für ihn bedeute (»Sind Sie konservativ, Herr Meinecke?«, Frankfurter Rundschau, 6. 7. 2005).

2 Gustav Seibt kennzeichnet so den »Feuilleton-Katholizismus« als »kulturkritisches und ästhetisches Interesse an nicht weichgespülten Formen ästhetisch vorgeführter Religiosität«, eine »ästhetisierende Haltung« und ein »verstärktes Interesse am harten dogmatischen Kern« (im Gespräch »Wie hast du's mit der Religion?«, in: Literaturen (12/05), *Wie gewaltig ist der Glaube? (»›dein Reich komme‹: Die Macht des Himmels meldet sich zurück«)*, S. 14-19, hier S. 15).

3 Vgl. gleichfalls im selben Gespräch »Wie hast du's mit der Religion?« (s. Fußnote 2), S. 16f.

4 Seibt im »Gespräch« (s. Fußnote 2), S. 15.

5 Durch die Typologie war die hochproblematische Ablösung der eschatologischen Naherwartung zu organisieren (damit dies nicht unterschätzt werde, vgl. Hans Blumenberg: »Kritik und Rezeption

antiker Philosophie in der Patristik. Strukturanalysen zu einer Morphologie der Tradition«, in: Volker Bohn (Hg.), *Typologie*, Frankfurt/Main 1988, hier: S. 144f.); sie ermöglicht, den Anschluß an die heilige Schrift (nachher Altes Testament) zu verbinden mit der Auffassung der Neuheit als Überbietung jener Schrift, die nachträglich als Realprophetie des ›Neuen Bundes‹ zu lesen war (dies geschieht z.B. in der sakramentalen Exodustypologie in ekklesiologischer Hinsicht).

6 Das Neue Testament selbst ist geschrieben als Deutung, die die Heilige Schrift, das (nunmehr: Alte) Testament umdeutet zur Realprophetie des Neuen (vgl. Joseph Ratzinger, *Die Tochter Zion. Betrachtungen über den Marienglauben der Kirche*, Einsiedeln 1977, S. 22ff., S. 29). Im Neuen Testament ist die Lektüre der (Heiligen) Schrift als *figura* oder *typos*, ›VorBild‹ textgenerativ geworden; die Geschehnisse des Neuen sind geschrieben als die Einlösung jener *figurae* oder *schemata*, als die sie das Geschehen in der vorliegenden Heiligen Schrift gelesen wird. Die *termini technici*: *schema*, *forma* u. a., die ein Verhältnis von Urbild und Abbild benennen, enthalten die Ambivalenz von Wiederholung und Überbietung; auf diese kommt es an; vgl. Erich Auerbach, »Figura«, in: *Archivum Romanicum* 22, 1938, S. 436-489 (Neue Dantestudien, Istanbul 1944), hier: S. 438-449, S. 452, S. 468. Das Verhältnis von Typus und Anti-Typus, *figura* und *implementum*, von Vorausweisung und Erfüllung in der überbietenden Wiederholung ist nicht nur Entsprechung und Steigerung, sondern meint in der *Überbietung* eine Aneignung und Umschrift: Das Alte Testament wird »aus einem Gesetzbuch und einer Geschichte Israels zu einer einzigen großen Verweisung und Vorgeschichte Christi, in der nichts endgültige Bedeutung, sondern alles Vorbedeutung ist, welches sich jetzt erfüllt hat« (Auerbach, »Figura«, S. 466).

7 Der Personbegriff ist *terminus technicus* der Schriftexegese; die »Zitationsformel«: *ex persona* (*alicuius*) *loqui*, ›aus der Maske sprechen‹, sagt, daß »nicht das grammatische Subjekt des Satzes Träger der Aussage ist«, sondern »aus dieser Person« »ein anderer« spricht (Hubertus R. Drobner, *Personexegese und Christologie bei Augustinus* (= Philosophia patrum 8), Leiden 1986, S. 69). Im Personbegriff in exegetischer Funktion ist die Trinitätslehre begründet (Carl Andresen, »Zur Entstehung und Geschichte des trinitarischen Personenbegriffs«, in: *Zeitschrift für neutestamentliche Studien* 52 (1961), S. 1-39): mit der »Zitationsformel« die drei göttlichen Personen als im Text durch (drei) *personae* sprechende, unterschiedene Stimmen.

Als Figuren der Deutung haben sie den Vorteil einer ›anti-mythischen‹ Begründung für die Drei-Personen des Einen-Gottes. Mit der den *persona*-Begriff grundierenden Herkunft aus Dramatik, Grammatik und Rhetorik stellte sich zum einen das Problem der Fiktionalität der *persona*. Zum anderen begegnete als die andere Seite der *fictio* die Gefahr eines falschen Realismus oder ›Anthropomorphismus‹ dieser Figur.

8 Barbara Vinken, »The Concept of Passion and the Dangers of the Theatre: Une esthétique avant la letter: Augustine and Port-Royal«, in: Romanic Review 83 (1992), S. 45-59, hier: S. 50f.; vgl. Meinecke, »Ratzinger-Monolog«, S. 17 ff.

9 Dabei handelt es sich um *den* Bezugspunkt von Michel Foucaults klassischem Repräsentationsmodell der Zeichen (*Die Ordnung der Dinge*, Frankfurt/Main 1974). Marin stellt eine konkurrierende Erklärung der Logik der Repräsentation vor.

10 Louis Marin, *Food for Thought*, Baltimore 1989: »Introduction to the English-Language Edition«, xi-xxi; »The Body of Divinity Captured by Signs«, S. 3-25. »Un chapitre dans l'histoire de la théorie sémiothique: La théologie eucharistique dans ›La Logique de Port-Royal‹ (1683)«, in: *History of Semiotics*, hg. v. Achim Eschbach und Jürgen Trabant, Amsterdam, Philadelphia 1983, S. 127-144. »The problem of language and the mystery of the Eucharist, the material presentation of the idea and the incarnation of God, all proved to be enigmatically linkened to a human art of thinking. As a result, the logicians seemed to be incabable of speaking about either issue explicitly. [...] in a certain sense, they never stopped speaking about them.« (Marin, *Food for Thought*, xvi) – dies bestimmt Marins Lektüre (S. 3 ff.; vgl. S. 24f.).

11 Marin, *Food for Thought* (s. Fußnote 10), S. 4ff.; insb. S. 14-25.

12 »[T]he case [...] resembles one in which one thing reveals a second thing as a sign, while concealing it as a thing. The only difference is [...], the whole transaction takes place at the level of signs themselves.« (Marin: *Food for Thought*, S. 23) Abgewiesen ist derart die ›fürchterliche Blasphemie der Protestanten‹: die figürliche Auffassung der *Worte*, und zwar im Namen der Rationalität der sprachlichen Zeichen (S. 24).

13 »By the end of the utterance, the bread indicated by the word *this* has been essentially destroyed as bread, and the divine body of Jesus is really present on the communion table and ready to be eaten [...]. It is no less true that there is still bread and wine on this table upon the completion of the eucharistic utterance. However, this

bread and wine are no longer things but signs instead [...] that hide the body of Jesus Christ as a thing, and reveals it as symbol.« (Marin: *Food for Thought* (s. Fußnote 10), S. 25) Lesbar wird die Dimension der Performanz, die Macht (des Akts) der Äußerung, das »wirklich« gegenwärtig zu machen, was Marin kennzeichnet als »a new and miraculous thing – [...]. Once this has occurred the thing indicated by the word *this* – the bread – becomes a [...] natural sign [...]. This transformation is a kind of retroactive effect of the word body.« (S. 25)

14 Es ist dies zum einen das Problem, daß »[j]e mehr *prosopon* [...] ein von andern getrenntes auf sich gestelltes Wesen war, [es] desto schwieriger« sein mußte, »ein solches Wesen mit andern zur Einheit zusammenzuschließen. [...] Am folgenreichsten war die Lehre des Sabellius (3. Jahrhundert), der in den drei *prósopa* nicht mehr ›vollkommne Personen‹, sondern nur Gesichter [Gesicht oder Maske sind die Übers. von *persona* oder *prosopon*], d. i. verschiedene Offenbarungen der einen Gottheit sah.« Der (im 4. Jahrhundert ›festgestellte‹) »Widerspruch gegen die orthodoxe Lehre« führt zu dem ›Rat‹, »wegen der Zweideutigkeit des Worts dasselbe überhaupt nicht zu gebrauchen« (Rudolf Hirzel, »Die Person. Begriff und Name derselben im Altertum« (1914), repr. in: *History of Ideas in Ancient Greece Collection*, New York 1976, S. 52f.; vgl. Andresen, *Zur Entstehung und Geschichte des trinitarischen Personenbegriffs* (s. Fußnote 7), hier: S. 31). *persona* bleibt in der Spannung zwischen einem leeren grammatischen Subjekt der Rede einerseits und dessen Substantialisierung zum ›subsistenten Einzelwesen‹ andererseits (mit der Gefahr des Anthropomorphismus oder der Re-Mythisierung). Wie einerseits die »Verwirrung des Tritheismus« vermieden werden mußte, aber »mit den Begriffen *hypostasis* und *prosopon*« die »reale Verschiedenheit von Vater, Sohn und Geist« gemeint sein mußte, so anderseits die Häresie der »göttlichen Monas«, die nur die deutende »Bildung von Personen ohne Individualität« als Figuren der Reden zugesteht (zu den Regularien und dogmatischen Anforderungen des Konzils in Konstantinopel (382) und seit dem Konzil von 451, zur dogmengeschichtlichen Entwicklung der östlichen Kirche vgl. Andresen, *Zur Entstehung und Geschichte* (s. Fußnote 10), S. 35f.; Basil Studer, »Der Person-Begriff in der frühen kirchenamtlichen Trinitäts-Lehre«, in: *Theologie und Philosophie* 57 (1982), S. 161-177). »Auch eine spätere Zeit mit ihren energischen Bestrebungen, die naiven anthropomorphistischen Vorstellungen zurückzudrängen

und auszurotten«, vermochte zur Bestimmung des »trinitarischen Wesen[s]« auf das »eingebügerte[ ] Wort[ ] *persona* [...] nicht mehr zu« verzichten (Siegmund Schlossmann, *Persona und Prosopon im Recht und im christlichen Dogma*, Darmstadt 1968, S. 110-12).

15 Vgl. Auerbach, »Figura« (s. Fußnote 6).

16 Die gnostische Allegorese widerruft die Tradition im »feindlichen Verhältnis« zum Schöpfergott, sie schreibt eine neue Traditionslinie der Empörer durch Umwertung (Hans Jonas, *Gnosis und spätantiker Geist*, Teil 1: *Die mythologische Gnosis* (einl. v. R. Bultmann), Göttingen 1934, S. 215 ff., S. 218-22).

17 J. L. Nancy: »Entzug der Göttlichkeit. Zur Dekonstruktion und Selbstüberschreitung des Christentums« (übers. von Eric Hörl), in: *Lettre* 59 IV/2002, S. 76-80 (*La Déclosion* (*Déconstruction du christianisme 1*), Paris 2005, noch nicht übersetzt) – was die drei Monotheismen gegenüber den Polytheismen kennzeichnet, wiederholt sich in deren Relation zueinander, wie die konfessionellen Auseinandersetzungen innerhalb des Christentums. »Gegenwärtig, aber verborgen.« / »Fürwahr, du bist ein verborgener Gott.« – sagt (Meineckes) ›Ratzinger‹, S. 17f.

18 Zur »Paradoxie« (der Transsubstantiation), (Meineckes) ›Ratzinger‹, S. 17f., vgl. S. 19; von der notwendigen »Spannung« oder »Schwebe« spricht Ratzinger, z. B. in *Wendezeit für Europa? Diagnosen und Prognosen zur Lage von Kirche und Welt*, Freiburg 1991, S. 114f.

19 Seibt im »Gespräch«, (s. Fußnote 2) S. 15 – bei gleichzeitiger Berufung ›zweitausendjähriger‹ Geschichte. Zum Verhältnis von Unveränderlichkeit des Dogmas und Geschichte (als nichts anderes als der Entfaltung seines Sinns) J. Ratzinger, *Das Problem der Dogmengeschichte in der Sicht der katholischen Theologie*, Opladen 1966, S. 8-15.

20 Die Typologie-Studien zeigen die (negativ) modellierende Funktion des Barnabas-Briefes, der Ausschluß kennzeichnet die ›gewonnene‹ Balance von Wiederholung und Überbietung (Auerbach, »Figura« (s. Fußnote 6), S. 436-489).

21 Die Verborgenheit steht ›Ratzinger‹ zufolge im Zusammenhang mit »Zum Beispiel Andy Warhol. Martin Scorsese. Madonna Ciccone. Katholische Amerikaner« (Meinecke, Ratzinger-Monolog, S. 19), insofern mit dem »eher [...] ›Popistischen‹ des Katholizismus [...], dem Opulenten« (Meinecke im Interview, s. Fußnote 1).

22 Die Spannung von Verborgenheit und Evidenz: »in blindem Trauen dem Gott nach, der Ungeheures verheißt, aber nichts davon zeigt«, vgl. ›Ratzinger‹ (Meinecke, Ratzinger-Monolog, S. 22); vgl. aber ein Setzen auf »Evidenz« in Ratzinger, *Wahrheit, Werte, Macht. Prüfsteine der pluralistischen Gesellschaft*, Freiburg 1993, jetzt: *Pluralistische Gesellschaft im Kreuzverhör*, Frankfurt/Main 1999, S. 82, aber S. 77; vor allem *Werte in Zeiten des Umbruchs. Die Herausforderungen der Zukunft bestehen*, Freiburg, Basel, Wien 2005.

23 Vgl. Marin, *Food for Thought* (s. Fußnote 10), S. viiiff., S. 4, S. 190-193, S. 209 u. ö.

24 Es ist »the act of uttering«, dessen »power to make truly present [...] a new and miraculous thing«. Das, was so wirklich wie figürlich ist, ist gebunden an Performanz, den Vollzug und seine nachträglichen: metaleptischen Effekte, die gegeben sein lassen, was bereits (im »dies« von: Dies ist mein Leib) vorausgesetzt war (Marin in Lektüre der *Logique* von Port Royal, *Food for Thought* (s. Fußnote 10), S. 25). ›Ratzinger‹: »Doch die Enthüllung dieses Zeichens kann nicht in der Sache, das heißt, dem Brot, gelesen oder gesehen werden; sie wird allein durch die Einsetzung der Eucharistie, durch den performativen Akt eines Zitats, das jedesmal wieder neu zitiert werden muß, garantiert: Dies ist mein Leib.« (Meinecke, »Ratzinger-Monolog«, S. 19f.)

25 Zu den Evidenzfragen bez. Brot und Wein vgl. Gerhard Wolf, *Schleier und Spiegel. Traditionen des Christusbildes und die Bildkonzepte der Renaissance*, München 2002, S. 67ff.; Carolyn W. Bynum, *Fragmentation and Redemption, Essays on Gender and the Human Body in Medieval Ages*, New York 1991, S. 185.

26 Das Fronleichnamsfest, *festum corporis Christi*, d. i. Christi Annahme eines menschlichen Körpers, wurde 1264 als Fest des eucharistischen Sakraments eingeführt. *Gegenreformatorisch* instituiert sollte die Fronleichnams-*Prozession* die katholische Ausprägung der Transsubstantiationslehre ausstellen, als »Selbstdarstellung der wahren Kirche Gottes in ihrem wesentlichen, unterscheidenden Dogma«; de*monstriert* wird die »Permanenz der substantiellen Gegenwart Christi« im Brot. »Aufgrund dieser durch das Tridentinum 1551 neu bekräftigten [Transsubstantiations]Lehre konnte die anamnestisch-eschatologische Abendmahlsfeier, in deren Rahmen die Eucharistie als Vollzug der Kommunion ihren Ort hatte, in ihrer Bedeutung relativiert werden durch die feierliche Verehrung des mystisch *gegenwärtigen* Christus.« (Ansgar Hillach, »Sakramen-

tale Emblematik bei Calderón«, in: S. Penkert (Hg.), *Emblem und Emblemtheorie*, Darmstadt 1978, S. 194-206, S. 202f.). Zur unhintergehbaren Paradoxie von Präsenz, Wiederholung und Performanz in der Eucharistie vgl. Jochen Hörisch, *Brot und Wein. Die Poesie des Abendmahls*, Frankfurt/Main 1992, insb. S. 16f.

27 Historisch koinzidieren die Aufwertungen des Schweißtuchs der Veronika als eine der wichtigsten Reliquien Roms um die Mitte des 12. Jahrhunderts, die der Eucharistiefeier und Monstranz der Hostie und die erste Stigmatisation des Franziskus; dieser ist als *vera ikon* (Christi) *acheiropoietos* (Wolf, *Schleier und Spiegel* (s. Fußnote 10), S. 46-51, S. 94ff., S. 97); zum Stellenwert der vera-ikon zuletzt: Hans Belting, *Das echte Bild. Bildfragen als Glaubensfragen*, München 2005 (Rez. von H.U. Gumbrecht in: Literaturen (12/05), S. 42f.); *Die Zeit*, 21. Dez. 2005 (Nr. 52, Jg. 60), S. 15-28. Im Falle des *sudariums* wie des Turiner Grabtuchs geht es um die Metonymie der Spuren (für das eigentümliche neue Interesse an der Indexikalität der Zeichen und deren mimetischem Zug im Kontext der neuen technischen und medialen Zugriffe des 19. u. noch des 20. Jahrhunderts, vgl. George Didi-Huberman, »The Index of the Absent Wound (Monograph on Stain)«, *October* 29 (1984), S. 63-81; dt.: »Anhaltspunkt für eine abwesende Wunde. Monographie eines Flecks«, in: *Stigmata. Poetiken der Körperinschrift*, hg. v. Bettine Menke und Barbara Vinken, München 2004, S. 319-40); bei der Stigmatisation handelt es sich um eine komplizierte Übertragungsfrage.

28 Vgl. Jochen Hörisch, *Brot und Wein* (s. Fußnote 26); Gabriele Brandstetter, *Erotik und Religiosität. Eine Studie zur Lyrik Clemens Brentanos*, München 1986.

29 Märtyrer zeugen im Martyrium, in direkter Nachfolge Christi, »mit ihrem Körper von der Korpo-Realität des WORTES. In der *imitatio* [...] leihen die Märtyrer ihren Leib, damit sich daran die Transzendenz offenbare«. Zum einen zeigen sie, daß »die korporeale Repräsentation der Fleischwerdung des WORTES im Martyrium wesentlich performativer Natur« ist. Zum andern »repräsentiert [der Märtyrer] nicht nur die Leiden seines Vorbildes Jesus Christus, sondern er präsentiert seinen Körper als dieses Repräsentationsmedium« (Christopher J. Wild, »Fleischgewordener Sinn: Inkarnation und Performanz im barokken Märtyrerdrama«, in: Erika Fischer-Lichte (Hg.), *Theatralität und die Krisen der Repräsentation*, Stuttgart, Weimar 2001 (Germ. Symp. 22), S. 125-154, hier: S. 129, S. 134f.). Das Märtyrerdrama »schließt« »die Ebene

der Darstellung mit der Ebene des Dargestellten kurz [...]: Die theatralische und performative Repräsentation des Märtyrers, der selbst wiederum die Passion Christi performativ repräsentiert, ist immer schon metatheatralisch« (Wild, S. 135-137).

30 Vgl. Jürgen Habermas, *Zwischen Naturalismus und Religion. Philosophische Aufsätze*, Frankfurt/Main 2005.

31 Meinecke im Interview (s. Fußnote 1).

32 Zu den Übertragungstechniken und den vorliegenden Bildtypen vgl. Niklaus Largier in: Menke und Vinken (Hg.), *Stigmata* (s. Fußnote 27). Zur Geschichte der Produktion oder *Erfindung* dessen, was im Falle der ersten Stigmatisation des Franziskus – nachträglich – gegeben sein wird, Chiara Frugoni, *Francesco e l'invenzione delle stimmate. Una storia per parole e immagini fino a Bonaventura e Giotto*, Turin 1993 (das Kap. »›Ad imaginem et similitudinem nostram‹. Der Heilige Franziskus und die Erfindung der Stigmata«, dt. in: Menke und Vinken, *Stigmata* (s. Fußnote 27), S. 77-112).

33 Protestantismus und Herzenssprache des ausgehenden 18. Jahrhunderts kommen darin überein, das das Wahre jenseits der Verfahren, der Redeordnungen und ihrer Institutionen vermutet wird. Daher sucht der amerikanische Film *Stigmata* (mit Patricia Arquette, Gabriel Byrne, 1999) das wahre Evangelium vor und nach aller Institution; dem entspricht, daß er die Stigmata vollständig unfigürlich, verfleischlicht auffaßt. Vgl. dagegen ›Ratzinger‹: »Christus gibt es nur in seinem Leib [d. i. die Kirche], nie bloß ideell.« (Meinecke, Ratzinger-Monolog, S. 10)

34 Als Meinecke (im Interview, s. Fußnote 1) vom »Faszinosum« sprach, das »eher mit dem ›Popistischen‹ des Katholizismus zu tun [hat], dem Opulenten, was man auch mit Namen wie Madonna oder Martin Scorcese in Verbindung bringen kann«, das koexistiert mit der »intellektuellen Faszination« an der Kirche als »Theologie«, wurde das mit der Frage beantwortet: »Sie stehen demnach außen und bewundern das barocke Theater der Kirche?« Das Popistische wurde anläßlich des Weltjugendtages diskutiert: z. B. »Pope Parade. Und siehe, er wurde Pop! Nur ist, wo Pop draufsteht, beim Weltjugendtag vor allem Seichtes drin. Befund der Stunde: Der Papst befindet sich mittendrin in der Diktatur des kulturellen Relativismus« (*taz*, 20/21. August 2005). So besorgt wie verfehlt wurde an anderen Stellen nach den angeblichen wahren (religiösen) Werten hinter oder jenseits dieser vorgeblich ›bloß‹ ›oberflächlichen‹ Phänomene gefragt und diese berufen.

35 Die als eine komplexe und widersprüchliche Erscheinung auftretende Stigmatisation des Franziskus wird erst in eine Erscheinung des gekreuzigten Christus übersetzt worden sein müssen, die sich auf Franziskus' Leib übertragen habe – durch Bonaventuras *Legenda maior* (1265), die »die Spaltungen und Meinungsverschiedenheiten, die den Orden schüttelten, zu schlichten« hatte und auf dem Generalkapitel von Paris im Jahr 1266 als »der einzige offizielle und glaubwürdige Lebensbericht« bestätigt wurde, während gleichzeitig »sehr erfolgreich die Zerstörung aller anderen vorherigen Lebensgeschichten angeordnet« wurde, die erst im 19. Jahrhundert vereinzelt wieder auftauchten (Chiara Frugoni, *Franz von Assisi, Die Lebensgeschichte eines Menschen*, Zürich, Düsseldorf 1997, S. 154; dies., »Ad imaginem et similitudinem nostram« (dt.), in: Menke und Vinken (Hg.), *Stigmata* (s. Fußnote 27), S. 85-88); »das vertraute Bild des christusgleichen Seraph am Kreuz« wird »erst mit der Franzlegende [Giottos] im Zyklus der Oberkirche kanonisiert« (Wolf, *Schleier und Spiegel*, (s. Fußnote 27), S. 96).

36 Carol Walker Bynum, *Jesus as Mother. Studies in the Spirituality of the High Middle Ages*, Berkeley, Los Angeles 1982, S. 9-21, S. 129ff., S. 135, S. 170-262, zfss. S. 261f.; zur Identifizierung von »Christ's flesh with the female«, vgl. dies., *Fragmentation and Redemption* (s. Fußnote 25), S. 206-15, S. 131, S. 134-39, S. 143ff., S. 153ff., S. 171ff.; dies., »Die Frau als Körper und Nahrung«, in: Menke und Vinken (Hg.), *Stigmata* (s. Fußnote 27), S. 113-144.

37 Vgl. Barbara Vinken, »›Via crucis, via amoris‹, Einleitung«, in: dies. u. B. Menke (Hg.), *Stigmata* (s. Fußnote 27), S. 11-23.

38 Diese Tendenz zur Korporealität macht Nähe und Konkurrenz der Stigmatisation zur theologisch aufgewerteten Eucharistieverehrung im 13. Jahrhundert aus (Bynum, *Jesus as Mother* (s. Fußnote 36), S. 130, S. 105; Bynum, *Fragmentation* (s. Fußnote 25), S. 131, S. 133). Die kanonisierenden Verschiebungen haben den Hang, die Stigmatisation in die Physis zu verschieben, während doch die sichtbaren Wunden als eigentlich geistige ihren Sinn bekamen.

39 Georges Didi-Huberman, *Erfindung der Hysterie. Die photographische Klinik von Jean-Martin Charcot*, München 1997, S. 305.

40 Vgl. Bettine Menke, »Nachträglichkeiten und Beglaubigungen«, Einleitung, in: dies. u. B. Vinken (Hg.), *Stigmata* (s. Fußnote 27), S. 25-43.

41 Jürgen Habermas, »Vorpolitische Grundlagen des demokratischen

Rechtsstaats?«, in: Jürgen Habermas und Joseph Ratzinger, *Dialektik der Säkularisierung. Über Vernunft und Religion*, Freiburg, Basel, Wien 2005, S. 15-37; vgl. S. 32.

42 Vgl. etwa Isolde Charim, *taz*, 22. April 2005, S. 15; Micha Brumlik, »Fast wie Kant«, *taz*, 19. 10. 2005; Christoph Türke, »Der Markt hat's gegeben, der Markt hat's genommen. Alle reden von der Wiederkehr der Religion. Doch eigentlich glauben wir an den Kapitalismus«, *Literaturen* (12/05), S. 6-13, hier: S. 10.

43 Habermas spricht von »säkularisierender Entbindung religiös verkapselter Bedeutungspotentiale« (Habermas: »Vorpolitische Grundlagen?« (s. Fußnote 41), S. 32); zu vergl. wäre dagegen Blumenbergs ganz andere Rede von Säkularisierung. »Nichts an theologischem Gehalt wird unverwandelt fortbestehen; ein jeglicher wird der Probe sich stellen müssen, ins Säkulare, Profane einzuwandern« – so Theodor W. Adorno im Anschluß an Benjamins Rede von Theologie (»Vernunft und Offenbarung«, in: ders., *Stichworte. Kritische Modelle 2*, Frankfurt/Main 1969, S. 20-28, hier S. 20); Ratzinger nimmt auf diesen Text Bezug in *Wendezeit für Europa?* (s. Fußnote 18), S. 126.

44 »Die ›rettende‹ Überlieferung religiöser Überlieferung in die Alltagssprache einer profanierten Gesellschaft kann nach Habermas deshalb gelingen, weil die Tradition des biblischen Monotheismus eine wesentliche Grundlage aufgeklärter demokratischer Gemeinwesen ist« (Micha Brumlik, »Fast wie Kant«, *taz*, 19. 10. 2005). »Diesen Optimismus kann sich der philosophische Betrachter genau deshalb leisten, weil er sich – leider – der Probe aufs Exempel bisher entzogen hat. Sind die zentralen Mysterien des christlichen Glaubens etwa, wie sie sich in den liturgischen Handlungen von Abendmahl oder Taufe äußern, tatsächlich in eine öffentliche Sprache übersetzbar – wo sich bislang noch nicht einmal Protestanten und Katholiken über deren Sinn einigen können? [...] Mit der asketischen Sympathie gegenüber dem universalistischen, leidsensitiven Charakter der biblischen Tradition allein wird es also nicht getan sein« (ebd.).

45 Habermas: »Vorpolitische Grundlagen?« (s. Fußnote 41), S. 32. Es handle sich um eine doppelte Rettung: Habermas situiere »im Fortbestand der religiösen Inhalte – garantiert durch eine gute Säkularisierung, d. h. durch die richtige Übersetzung – nicht nur deren, sondern auch unsere Rettung« (Isolde Charim, *taz*, 22. April 2005, S. 15). Wenn Habermas dagegen darauf besteht, daß »die Philosophie sich auch bei dieser Übersetzungsarbeit nicht anmaßen

[dürfe], ›selber zu entscheiden, was an Religionen wahr oder unwahr ist‹« – und nur derart wäre die Reziprozität von Philosophie und Religion gesichert, dann »könnte ein Widerspruch vorliegen«. Denn dürfte dann der »philosophische Übersetzer« feststellen, »daß die ›Gottesebenbildlichkeit des Menschen‹ seinen eigenen aufgeklärten Intuitionen entgegenkommt [wie Habermas dies tut], der [...] Höllenglauben jedoch nicht«? (Micha Brumlik, »Fast wie Kant«, *taz*, 19. 10. 2005). Die Vermutung, daß eben jene ›Detail- oder Formfragen‹, die Habermas ausklammert, die *crux* der Verhältnisse zwischen den Religionen und zwischen (vermeintl.) säkularer Vernunft und Religion ausmachen, wird durch die jüngsten Konfliktlagen durchaus nahegelegt.

46 Der Gottes-Ebenbildlichkeit wegen waren den Christen Zeicheneintragungen ins Gesicht verboten; die heidnischen Zeichen mußten durch die Zeichengebung der Taufe *unsichtbar, aber wirksam* überschrieben sein (vgl. Susanna Elm, »Marking the Self in Late Antiquity. Inscriptions, Baptism and the Conversion of Mimes«, in: Menke und Vinken (Hg.), *Stigmata* (s. Fußnote 27), S. 47-68). Den ›heidnischen‹ und jüdischen Zeichen außen am Körper wurde die ›innere Beschneidung‹ des Herzens von Paulus entgegengesetzt. Zur Gottes-Ebenbildlichkeit des Menschen durchaus in Termini von Ähnlichkeit, Bild, Evidenz Gottes vgl. auch Ratzinger, *Werte in Zeiten des Umbruchs* (s. Fußnote 22), S. 114, S. 139, S. 150.

47 Wolf, *Schleier und Spiegel* (s. Fußnote 27), S. 96; vgl. Frugoni, »Ad imaginem et similitudinem nostram« (s. Fußnote 35), S. 85-88. Das »Zeugnis aller Märtyrer« faßt Ratzinger im Sinne der »Wahrheitsfähigkeit des Menschen als Grenze aller Macht und als Gewähr seiner Gottähnlichkeit« (*Werte in Zeiten des Umbruchs* (s. Fußnote 22), S. 114).

48 »Walter Benjamin war einer, dem solche Übersetzungen manchmal gelangen« (im Sinne der »säkularisierenden Entbindung religiös verkapselter Bedeutungspotentiale«?) (Habermas, »Vorpolitische Grundlagen?« (s. Fußnote 41), S. 32; zuvor ders., »Bewußtmachende und rettende Kritik«; in: *Zur Aktualität Walter Benjamins*, Frankfurt/Main 1972).

49 Benjamin setzte sich im *Theologisch-politischen Fragment* 1920/21 (*Gesammelte Schriften*, hg. v. R. Tiedemann u. H. Schweppenhäuser, Frankfurt/Main 1972-86, II, S. 203 f.) von allen »katholischen« Projekten einer Theokratie ab: Politik kann und darf sich »Erlösung«, das Kommen des Messias nicht zum Ziel machen, aber ge-

rade *indem* sie dies *nicht* tut, sondern vielmehr ihre »profane« Aufgabe erfüllt, ist sie »eine Kategorie, und zwar der zutreffendsten eine, seines leisesten Nahens«. Es ist gekennzeichnet durch die radikale Geschichtsjenseitigkeit des Messianischen, *des* Ereignisses »daß es geschieht« (Derrida) einerseits und anderseits, daß das Kommen des Messias allen historischen Geschehens »Beziehung auf das Messianische selbst [...] erlöst«. Die »Projektion des jüngsten Gerichts in den Weltlauf« ist Abbruch, Brechung mythischer Kontinuitäten, Destruktion. An diesem Ereignis »partizipiert« jede »Gegenwart«. Die Pointe des *Theologisch-politischen Fragments* besteht darin, daß gleichzeitig mit einer manichäischen Dichotomie von Politik und Erlösung eine der »Ordnung des Profanen« eigene politische ›Aufgabe‹ formuliert wird, und zwar die des gar nicht material genug zu denkenden »Glücks«.

50 Jacques Derrida, *Schurken. Zwei Essays über die Vernunft*, Frankfurt/Main 2003 (frz. Orig. Paris 2003), S. 12.

51 Dem entspricht Benjamins »Zur Kritik der Gewalt« (ders., *Gesammelte Schriften*, hg. v. R. Tiedemann u. H. Schweppenhäuser, Frankfurt/Main 1972-86, II, S. 179-203), Jacques Derrida, »Force de loi: Le ›fondement mystique de l'autorité‹/Force of Law: The ›Mystical Foundation of Authority‹«, Vortrag für »Deconstruction and the Possibility of Law«, *Cardozo Law Review*, 11 (1990), S. 919-1045; dt.: *Gesetzeskraft. Der ›mystische Grund der Autorität‹*, Frankfurt/Main 1991; zum »Paradoxon der *Singularität*, der Einzigartigkeit, der Vielfalt an Singularitäten« (Derrida, *Gesetzeskraft*, S. 84). Vgl. die folgende Diskussion u. a. um die Frage der Gerechtigkeit, Notwendigkeit und Unmöglichkeit, diese mit Berufung auf ein »ganz anderes« zu bestimmen – und um die ›Auto-Hetero-Dekonstruktivität‹ des Textes (vgl. die Diskussion in *Cardozo Law Review*, 11 (1990) u. 13 (1991) u. *Gewalt und Gerechtigkeit nach Derrida und Benjamin*, hg. v. Anselm Haverkamp, Frankfurt/Main 1993. In bezug auf diese Diskussionslage kann die zitierte Übernahme des ›alten Namens‹ des ›Messianischen‹ als eine Verschiebung gelesen werden (Derrida, *Schurken* (s. Fußnote 50), S. 117).

52 Derrida, *Schurken*, S. 12.

53 Ratzinger, *Werte in Zeiten des Umbruchs* (s. Fußnote 22), S. 124, S. 135-37, S. 145. Die »Maßstäbe für Gerechtigkeit« seien aus säkularer Vernunft selbst nicht zu begründen; vgl. die Enzyklika *Deus Caritas Est* www.vatican.va/holy_father/benedict_xvi/encyclicals/documents/hf_ben-xvi_en, S. 14ff.

54 Ratzinger, *Werte in Zeiten des Umbruchs* (s. Fußnote 22), S. 133; zu verweisen wäre Ratzinger auch an Jacques Derrida, *Politik der Freundschaft*, Frankfurt/Main 2000, dort zur Herausforderung der Demokratie (S. 11, S. 142ff.), zur »Dekonstruktion eines weithin herrschenden Begriffs der Demokratie« (unter dem Gesetz »der Abstammung«, »der Homophilie und des Auchtochtonen«) und zur Frage, ob diese »ihrerseits noch im Namen [...] einer kommenden und im Kommen bleibenden Demokratie« bestritten werden könne (S. 153ff., vgl. S. 96). Von welchem ›Erschrecken‹ vor den ominösen »Ereignissen des 11. September« Ratzinger sprechen mag? – who knows? – ›alle‹ hatten im Sept. 2001 zu erschrecken und vom Erschrecken vor den »Ereignissen des 11. September« zu sprechen. Derrida schrieb: »Was geschieht mit dem Motiv des ›Politischen‹ und des ›Krieges‹ [...]? Was wird aus dem Motiv des (nationalen und internationalen) ›Terrorismus‹, wenn das alte Gespenst der Souveränität seine Glaubwürdigkeit verliert? Schon länger, als man zumeist glaubt, aber heute auf andere Weise und in anderem Tempo?/ Diese Situation ist durch jenes angeblich zentrale, auf einen ominösen ›11. September 2001‹ datierte ›Ereignis‹ gewiß nicht geschaffen, ja nicht einmal an den Tag gebracht worden, auch wenn diese Morde und jene Selbstmorde (so wie viele andere) die Voraussetzungen dieser Situation und einige ihrer unvermeidlichen Folgen medial inszeniert haben und auch wenn diese mediale Inszenierung für die Struktur und die Möglichkeit des besagten Ereignisses wesentlich waren.« (*Schurken* (s. Fußnote 50), S. 10; vgl. ders., »Das Recht des Stärkeren (Gibt es Schurkenstaaten?)«, Vortrag auf dem Kolloquium vom 9.-18. Juli 2002: *Die kommende Demokratie (Um Jacques Derrida)*, in: *Schurken*, S. 15-158, hier S. 145-50); zum ›Kommenden‹ der Demokratie (»über die nationalstaatliche Souveränität, über die Staatsbürgerschaft hinaus«), *Schurken*, S. 124f.

55 Der kurze sich auf diese Stelle beziehende Bescheid der Rezension von Uwe Julius Wenzel in der *Neuen Zürcher Zeitung* ist treffend: »(Dass er als Beispiel [für ›erkrankte Vernunft‹: »eine von Gott ›gänzlich losgelöste‹ Vernunft an ihrer Selbstverabsolutierung – die von Selbstauflösung offenkundig nicht mehr zu unterscheiden ist«] die ›Dekonstruktion‹ zitiert, wie Jacques Derrida sie ›vorexerziert‹ habe, spricht nicht für Textkenntnis, sondern für Unkenntnis. Ob der ›Theologenpapst‹, wie manche Intellektuelle hoffen, wirklich auch ein ›Philosophenpapst‹ werden wird?« (*Neue Zürcher Zeitung*, 30. 4. 2005). – Auch Horkheimers und Adornos

Dialektik der Aufklärung z. B. zitiert Ratzinger, in diesem Falle affirmativ, sekundär nach einem Aufsatz in »Forum Katholische Theologie« (*Wendezeit für Europa?* (s. Fußnote 18), S. 123 ff.); vgl. unten Fußnote 70.

56 Ratzinger, *Werte in Zeiten des Umbruchs* (s. Fußnote 22), S. 133. Er unterstellt: »Die Unterschiede der Inhalte zählen da überhaupt nicht; Fundamentalist ist, wer immer feste Überzeugungen hat, denn das gilt als konfliktfördernd und fortschrittsfeindlich. Das Gute sei demgegenüber der Zweifel, das Ankämpfen gegen alte Gewißheiten und damit alle undogmatischen oder antidogmatischen modernen Bewegungen.« (*Wendezeit für Europa?* (s. Fußnote 18), S. 121)

57 Vgl. auch »Wahrheitsfähigkeit des Menschen« (»Gewähr seiner Gottähnlichkeit«) (Ratzinger, *Werte in Zeiten des Umbruchs* (s. Fußnote 22), S. 114).

58 Jacques Derrida, »Glaube und Wissen. Die beiden Quellen der ›Religion‹ an den Grenzen der bloßen Vernunft«, Beitrag für ders. u. Gianni Vattimo (Hg.), *Die Religion*, Frankfurt/Main 2001, S. 9-106, vgl. S. 31-34; die Veröffentlichung (frz. 2001) geht zurück auf ein Treffen in Capri 1994; dies ist der Zeitpunkt von Derridas ›Antwort‹ auf die sogenannte ›Wiederkehr der Religion‹.

59 »Vielleicht können wir daraus an dieser Stelle [Benjamins »Zur Kritik der Gewalt« u. a.] lernen, daß der Kompromiß zwischen zwei heterogenen Ordnungen nötig, daß er etwas Zwangsläufiges ist, geschlossen im Namen einer Gerechtigkeit, die uns befiehlt, dem Gesetz der Repräsentation (*Aufklärung*, Vernunft, Objektivation, Vergleich, Erläuterung, Beachtung der Vielheit einzigartiger Einzelheiten und ihrer Eingliederung in Serien) und zugleich jenem anderen Gesetz zu gehorchen, das die Repräsentation übersteigt und das Einzigartige, jede Einmaligkeit ihrer Einschreibung in die Ordnung des Allgemeinen oder des Vergleichs entzieht« (Derrida, *Gesetzeskraft* (s. Fußnote 21), S. 123; vgl. S. 121). Derrida exponiert die Problematik des Ausschlusses von »Repräsentation« durch Benjamins Konzept »reiner Gewalt«. Allerdings geht es Benjamin so gut wie Derrida darum, ob der versuchte Ausschluß der Repräsentation in der »reinen« Entscheidung (als ›reines‹ Ereignis) *überhaupt* möglich ist. Daher ist es auch kein Zufall, daß die Entzogenheit des Ereignisses (vor jeder Repräsentation, dem Wissen u. ä.), die mit Benjamins Begriff der »Entscheidung« benannt ist, im Begriff »göttlicher reiner Gewalt«, ebenso theologisiert wie die Entzogenheit gerade dadurch markiert wird. Die geräumte

Stelle entgeht der Besetzung nicht; für sie tritt – ›wie immer‹ – Gott als das »Ganz Andere« ein (*Gesetzeskraft*, S. 114).

60 Wenn Ratzinger den »politische[n] Messianismus und die zelotische Gewalttätigkeit, die ihn begleitete,« verwirft (*Wendezeit für Europa?* (s. Fußnote 18), S. 111 f.), so als Fall seiner Trennung zwischen Politik und theologischer Bezugnahme, zu der Ratzingers Stellungnahmen zu *Politik und Erlösung. Zum Verhältnis von Glaube, Rationalität und Irrationalem in der sogenannten Theologie der Befreiung* (Opladen 1986) ebenso gehören wie die Fragen von »Forgiveness. Joseph Ratzinger after the war« (von Timothy W. Ryback, *New Yorker*, 6. Feb 2006, S. 66-73), ausgehend von jener Normandie-Reise des Kardinals 2004, auf der er auch die Rede mit dem zit. Derrida-Satz hielt (*Werte in Zeiten des Umbruchs* (s. Fußnote 18), S. 133), im Feld des Bezuges überhaupt von Politik und Theologie (vgl. »Forgiveness«, S. 72 f.).

61 Ratzinger, *Werte in Zeiten des Umbruchs* (s. Fußnote 18), S. 145; neuerdings in der Encyclica *Deus Caritas Est*, deutsche Version, Abs. 28, S. 5.

62 Vorgelegt war die Fragestellung Böckenfördes, dessen »Zweifel«, »ob der demokratische Verfassungsstaat seine normativen Bestandsvoraussetzungen aus eigenen Ressourcen erneuern kann«, »ob politische Herrschaft nach der vollständigen Positivierung des Rechts einer säkularen, das soll heißen einer nichtreligiösen oder nachmetaphysischen Rechtfertigung überhaupt noch zugänglich ist«, »sowie die Vermutung, daß er auf autochthone weltanschauliche oder religiöse, jedenfalls kollektiv verbindliche-ethische Überlieferungen angewiesen ist« (Habermas, »Vorpolitische Grundlagen?« (s. Fußnote 48), S. 16/7). Diese Annahme, »der Geltungsanspruch des positiven Rechts [sei] auf eine Fundierung in den vorpolitisch-sittlichen Überzeugungen religiöser oder nationaler Gemeinschaften angewiesen«, beruhe darauf, daß »nicht in Betracht gezogen wird, daß sich Rechtsordnungen selbstbezüglich aus demokratisch erzeugten Rechtsverfahren allein legitimieren können« (S. 20).

63 »Die Verfassung ruht auf Grundlagen, die sie selbst nicht vorschreiben kann, sondern voraussetzen muß« – so Ratzinger (*Wendezeit für Europa?* (s. Fußnote 22), S. 109; vgl. *Werte in Zeiten des Wandels* (s. Fußnote 18), S. 145 f. u. ö.) – auch dies mit Bezug auf Böckenfördes Diktum, das die Vorgabe für das ›Gespräch‹ Habermas/Ratzinger abgab; d. i. eine deutliche Gegenthese nicht nur zu Habermas' Position, sondern auch zu dessen Annahme: »Von ka-

tholischer Seite [...] steht jedoch, wenn ich es recht verstehe, einer autonomen (von Offenbarungswahrheiten unabhängigen) Begründung von Moral und Recht grundsätzlich nichts im Wege.« (Habermas, »Vorpolitische Grundlagen?« (s. Fußnote 48), S. 18)

64 »Von der vorkonstitutionellen Fürstensouveränität bleibt keine Leerstelle übrig« (Habermas, »Vorpolitische Grundlagen« (s. Fußnote 48), S. 20).

65 Derrida, *Gesetzeskraft* (s. Fußnote 28), S. 24-27, S. 102f. Notwendigkeit und Unmöglichkeit, Gerechtigkeit (das macht deren »Paradoxon« im Verhältnis zur *Singularität*, der Vielfalt an Singularitäten; Derrida, *Gesetzeskraft*, S. 84) mit Berufung auf ein »ganz anderes« zu bestimmen (nach Benjamins »Zur Kritik der Gewalt«), reflektiert Derrida: *Anstelle* des Entzugs (das ist bei Benjamin die Dichotomie von Grund der Gerechtigkeit und jeder Formation des Gesetzes) tritt ein ganz anderes auf (das aber gar nicht das Recht begründet, sondern diesem gegenüber sich fremd verhält). Das »ganz Andere« beruft »wie immer« Gott (Derrida, *Gesetzeskraft*, S. 114. Dies ist der Name an der Stelle des Entzugs.

66 Vgl. Habermas, »Vorpolitische Grundlagen?« (s. Fußnote 48), S. 16f.

67 Habermas unterscheidet: Es sei »keine dem politischen System als solchen innewohnende, also interne Schwäche [...], die in kognitiver oder motivationaler Hinsicht eine Selbststabilisierung gefährdet. Damit sind jedoch externe Gründe nicht ausgeschlossen. Eine entgleisende Modernisierung der Gesellschaft im Ganzen könnte sehr wohl das demokratische Band mürbe machen und die Art von Solidarität auszehren, auf die der demokratische Staat, ohne sie rechtlich erzwingen zu können, angewiesen ist« (»Vorpolitische Grundlagen?« (s. Fußnote 48), S. 26). Aber inwiefern sollte in der Situation ein Verweis an die religiösen Bande helfen? – die es entweder noch (eh) gibt oder aber, sollte dies nicht so sein, nicht berufen werden können. Ist darin die Aufgabe der Philosophie begründet, das »Fortbestehen der Religion« »als eine kognitive Herausforderung ernst [zu] nehmen« (S. 28)? Er begegne, so Habermas, einem ›Nietzscheanismus‹ (was immer das sei) mit größerem Mißtrauen als den heteronomen Werteresourcen, die er nutzbar machen will (S. 30).

68 Ratzinger, *Wendezeit für Europa?* (s. Fußnote 22), S. 109ff. Wenn (so Habermas, »Vorpolitische Grundlagen?« (s. Fußnote 48), S. 18) »[v]on katholischer Seite [...] einer autonomen (von Offenbarungswahrheiten unabhängigen) Begründung von Moral und

Recht grundsätzlich nichts im Wege« stehe, dann nur, insofern ein ominöses Drittes: christliche Fundierung ohne Offenbarungswahrheit berufen wird. Ratzinger spricht vom »festen Boden des christlichen Ethos«, auf dem Europa errichtet sei: »Wer heute Europa als einen Hort des Rechts und der Gerechtigkeit allen Menschen und Kulturen gegenüber bauen will, kann sich nicht auf eine abstrakte Vernunft zurückziehen, die von Gott nichts weiß, selbst keiner Kultur zugehört, aber alle Kulturen nach ihren Maßen regulieren will. [...] Auch heute sind Verantwortung vor Gott und Verwurzelung in den großen, überkonfessionellen Werten und Wahrheiten des christlichen Glaubens die unverzichtbaren Kräfte für die Bildung eines Europa [...]« (*Werte in Zeiten des Wandels* (s. Fußnote 18), S. 145 f.). »Auch ein laikaler Staat darf, ja, muß sich auf die prägenden moralischen Wurzeln stützen, die ihn gebaut haben; er darf und muß die grundlegenden Werte anerkennen, ohne die er nicht geworden wäre und ohne die er nicht überleben kann«; ein »Staat einer reinen Vernunft«, der »von allen geschichtlichen Wurzeln gelöst« ist, könne »dann auch keine moralische Grundlagen mehr kennen [...], die nicht jeder Vernunft einsichtig sind« (*Werte in Zeiten des Wandels*, S. 137).

69 Ratzinger, *Wendezeit für Europa?* (s. Fußnote 22), S. 111; wir sollen »sozusagen den vor- und metadogmatischen Kern seiner moralischen Konstanten wieder wagen, als unsere geistige Identität anzuerkennen, von der her wir leben können« (S. 125; ders., *Werte in Zeiten des Wandels*, S. 145 f.); vgl. dagegen die Diskussion des Kulturbegriffs in J. Ratzinger, *Glaube – Wahrheit – Toleranz. Das Christentum und die Weltregionen,* Freiburg, Basel, Wien, [2]2003, S. 46-74, S. 156-163.

70 In diesem Sinne beruft Ratzinger sich auf Horkheimer und Adorno, die »mit der Scharfsicht des Außenstehenden den Versuch von Theologen angeprangert [haben sollen], sich am Glaubenskern vorbeizustehlen, Dreieinigkeit und Jenseits wie die Erzählungen der Bibel unanstößig zu machen, indem sie ins Symbolische zurückgestuft werden. Wenn Theologen – so sagen sie – das Dogma einklammern, ist die Geltung ihrer Rede nichtig« (Ratzinger, *Wendezeit für Europa?* (s. Fußnote 22), S. 126). Bei der dann zitierten »Furcht vor der Wahrheit« handelt es sich (in der *Dialektik der Aufklärung*) allerdings um die der *Aufklärung selbst*, wenn »das an den Tatsachen wie den herrschenden Denkformen negativ [!] ansetzende Denken als dunkle Unverständlichkeit, am liebsten als landesfremd, tabuiert« werde (Frankfurt/Main 1971, S. 3 f.).

71 So »sollten wir auch wieder zu einem Bewußtsein der großen moralischen Tradition des Christentums zurückfinden« (*Wendezeit für Europa?* (s. Fußnote 18), S. 125).

72 Theodor W. Adorno: »Vernunft und Offenbarung« (in: ders., *Stichworte. Kritische Modelle 2*, Frankfurt/Main 1969, S. 20-28, hier: S. 25 f.), d. i. die andere (indirekte) Referenz Ratzingers (*Wendezeit für Europa?* (s. Fußnote 18), S. 126), wie sich nachlesen läßt. »Zweifel an der Möglichkeit solcher Restauration [»heute« d. i. hier: 1969] werden übertäubt mit der Berufung auf das Einverständnis der vielen«: »Im besten Fall – also wo es sich nicht bloß um Nachahmung und Konformismus handelt – ist der Wunsch der Vater solcher Haltung: nicht die Wahrheit und Authentizität der Offenbarung entscheidet, sondern das Bedürfnis nach Orientierung, der Rückhalt am festen Vorgegebenen; auch die Hoffnung, man könne durch den Entschluß der entzauberten Welt jenen Sinn einhauchen, unter dessen Abwesenheit man so lange leidet, wie man als bloßer Zuschauer aufs Sinnlose hinstarrt.« »[D]ie Renaissance der Offenbarungsreligion beruft sich mit Vorliebe auf den Begriff der Bindungen, die notwendig seien: man wählt gleichsam aus prekärer Autonomie das Heteronome.« (Adorno, »Vernunft und Offenbarung«, S. 21-23) Dann bleibt die »Frage, woher die Autoriät der Lehre stammt«; Adorno weist eine »allgemeine Neutralisierung allen Geistes zu bloßer Kultur« aus, durch die »beide [Offenbarungsreligion und Erkenntnis] als Sparten des Kulturbetriebes nebeneinander existieren, etwa wie in Magazinen die Rubrikentitel Medizin, Radio, Fernsehen, Religion aufeinanderfolgen« (S. 26).

73 »Eine Vernunft, die sich völlig von Gott löst und ihn bloß noch im Bereich des Subjektiven ansiedeln will, wird orientierungslos und öffnet so ihrerseits den Kräften der Zerstörung die Tür. [...] ohne diesen absoluten Bezugspunkt [verliere] das Handeln des Menschen sich im Unbestimmten [...] und [sei] dann den Mächten des Bösen heillos ausgeliefert« – auch wenn Ratzinger damit »nicht etwa« darauf hinauswolle, »die Vernunft zu begrenzen« (*Werte in Zeiten des Wandels* (s. Fußnote 18), S. 133), so schließt er: »Nur eine Vernunft, die auch für Gott offen ist – nur eine Vernunft, die Moral nicht ins Subjektive verbannt oder zum Kalkül erniedrigt, kann dem Mißbrauch des Gottesbegriffs und den Erkrankungen der Religion entgegentreten und Heilungen schenken.«

74 Derrida, »Glaube und Wissen« (s. Fußnote 58), S. 18; vgl. J. L. Nancy im Gespräch (»Der Atheismus ist das wahre Christentum«,

in: *Literaturen* (05/12), S. 29 u. S. 30). Vgl. auch den Rückbezug auf die Religion: als ›Bindung‹ und als ›Lesen‹, Sammeln (Derrida, »Glaube und Wissen«, S. 45 ff., S. 53, S. 57-63).

75 Dies ist impliziert, wenn Habermas jetzt »die kulturelle und gesellschaftliche Säkularisierung als einen doppelten Lernprozeß« auffaßt, »der die Traditionen der Aufklärung ebenso wie die religiösen Lehren zur Reflexion auf ihre jeweiligen Grenzen nötigt« (»Vorpolitische Grundlagen?« (s. Fußnote 48), S. 17, vgl. S. 34-36); vgl. dagegen Derrida, »Glaube und Wissen« (s. Fußnote 58), S. 25-27, S. 53.

76 Derrida, *Politik der Freundschaft* (s. Fußnote 54), S. 153.

77 Was für die ›Sprecher‹ von *Musik* vermerkt wurde (vgl. Rez. von G. Bartels, *taz*, 8./9. 1. 2005), das gilt für ›Ratzinger‹, der Slavoj Žižek und Barbara Vinken zitiert.

78 Meinecke, »Ratzinger-Monolog«, S. 9; vgl. Ernest Jones, »Empfängnis der Jungfrau Maria durch das Ohr«, in: ders., *Zur Psychoanalyse der christlichen Religion*, Frankfurt/Main 1970, S. 37-128 (zuerst im *Jahrbuch der Psychoanalyse* VI, 1914): *Deus per angelum loquebatur et Virgo per aurem impraegnebatur* (Augustinus, zit n. Jones, 39ff.); Manfred Schneider; *Liebe und Betrug. Die Sprachen des Verlangens*, München 1994, darin: »Nachrichtenverkehr II: Kanäle«, S. 247ff.

79 G. W. F. Hegel, *Vorlesungen über die Ästhetik* III, hg. v. Eva Moldenhauer und Karl Markus Michel, Frankfurt/Main 1970, Bd. 15, S. 34.

80 Etwa (aber nicht nur) mit: »Gegenwärtig, aber verborgen./Fürwahr, du bist ein verborgener Gott.« (Meinecke, Ratzinger-Monolog, S. 18); vgl. zu Entzug (Gottes), Bezeugen und Antwort, Derrida, »Glaube und Wissen« (s. Fußnote 58), S. 46-50, S. 52-55.

81 Peter Szondi, »Theorie des modernen Dramas (1880-1950)«, in: ders., *Schriften I*, Frankfurt/Main 1978, S. 11-148, hier: S. 16-20.

82 Das ist ihre »theatrale Pointe«: Die »Rede, die als Adressaten das Publikum hat, [stellt] das Faktum der Kommunikation – und zwar der hic et nunc im Theater sich vollziehenden« vor (Hans-Thies Lehmann, *Postdramatisches Theater*, Frankfurt/Main 1999, S. 232).

Slavoj Žižek
Fundamentalisten gegen den Glauben

Erinnern wir uns an die Diagnose, die der erzkonservative William Butler Yeats dem 20. Jahrhundert vor langer Zeit in seinem Gedicht *The Second Coming* (1920) gestellt hat: »Blutgeblendete Strömungen sind losgelassen. Allenthalben / Wird der heilige Vorgang der Unschuld überschwemmt; / Den Besten erlahmt der Glaube, und die Schlimmsten / Sind voll von leidenschaftlicher Heftigkeit.«[1] Der Schlüssel zu dieser Diagnose ist in der Wendung »heilige[r] Vorgang der Unschuld« enthalten, die im genauen Sinne von Edith Whartons »Zeit der Unschuld« zu verstehen ist: Newtons Frau, die »Unschuldige«, auf die sich dieser Titel bezieht, war nicht so naiv, an die Treue ihres Mannes zu glauben – sie wußte genau von seiner leidenschaftlichen Liebe zur Gräfin Olenska, sah aber fein darüber hinweg und inszenierte den Glauben, tat so, als glaubte sie an seine Treue... In einem der Filme der Marx Brothers antwortet der bei einer Lüge ertappte Groucho Marx ärgerlich: »Trauen Sie Ihren Augen, oder glauben Sie meinen Worten?« Diese scheinbar absurde Logik macht in vollkommener Weise das Funktionieren der symbolischen Ordnung sichtbar, in der das symbolische Mandat der Maske mehr zählt als das unmittelbare Realsein der Person, die diese Maske trägt und/oder dieses Mandat beansprucht. Dieses Funktionieren beinhaltet die Struktur der fetischistischen Verleugnung: »Ich weiß ganz genau, daß es so ist, wie ich es sehe [ ] daß dieser Mensch ein korrupter Schwächling ist, [ ]aber ich behandle ihn trotzdem respektvoll, da er die Insignien eines Richters trägt, so daß, wenn er spricht, das Gesetz selbst durch ihn spricht.« In gewisser Weise glaube ich daher tatsächlich seinen Worten, statt meinen Augen zu trauen: Ich glaube an einen Anderen Raum (das Reich der reinen symbolischen Autorität), der mehr zählt als die kümmerliche Wirklichkeit seines Sprechers. Die zynische Reduktion auf die Wirklichkeit greift somit zu kurz: Wenn ein Richter spricht, ist in seinen Worten (den Worten der Institution des Gesetzes) in gewisser Weise mehr Wahrheit als in der unmittelbaren Wirklichkeit der Person des Richters – beschränkt man sich auf das, was man sieht, so entgeht einem schlicht und einfach der entscheidende Punkt.

Auf dieses Paradox zielt Lacan mit seinem Diktum »les non-dupes errent«: Wer nicht bereit ist, der symbolischen Täuschung/Fiktion auf den Leim zu gehen, statt dessen weiterhin seinen Augen traut, der irrt am meisten. Was einem Zyniker, der »nur seinen Augen traut«, entgeht, ist die Wirksamkeit der symbolischen Fiktion, die Art und Weise, in der diese Fiktion unsere Erfahrung der Realität strukturiert. Dieselbe Kluft manifestiert sich in unserer intimsten Beziehung zu unseren Mitmenschen: Wir benehmen uns so, *als ob* wir nicht wüßten, daß auch sie schlecht riechen, Exkremente ausscheiden usw. – ein Minimum an Idealisierung, an fetischisierender Verleugnung, ist die Grundlage unseres Miteinanders. Ist nicht dieselbe Verleugnung für die erhabene Schönheit der idealisierenden Geste von Leuten verantwortlich, die, wie die amerikanischen Kommunisten, an die Sowjetunion glaubten? Obwohl wir wissen, daß der stalinistische Kommunismus eine furchtbare Sache war, bewundern wir die Opfer der Hexenjagd McCarthys, die heroisch bei ihrem Glauben an den Kommunismus und bei ihrer Unterstützung der Sowjetunion blieben. Die Logik ist dieselbe wie die von Anne Frank, die in ihrem Tagebuch trotz der schrecklichen Taten, die Menschen im zweiten Weltkrieg gegen die Juden begingen, den Glauben an das letztlich Gute im Menschen zum Ausdruck bringt: Was ein solches Glaubensbekenntnis (an das wesenhaft Gute im Menschen, an das wahrhaft Humane der Sowjetherrschaft) erhaben macht, ist nichts anderes als die Kluft zwischen ihm und dem, was faktisch so überwältigend gegen ihn spricht, d. h. der aktive Wille, den wirklichen Zustand der Welt zu verleugnen. Vielleicht liegt hierin die grundlegendste metaphysische Geste: in dieser Weigerung, das Wirkliche in seiner Idiotie anzuerkennen, es zu verleugnen und nach einer Anderen Welt hinter ihr zu suchen. Der große Andere ist somit die Ordnung der Lüge, der aufrichtigen Lüge. Und in diesem Sinne sagt Yeats: »Den Besten erlahmt der Glaube, und die Schlimmsten / Sind voll von leidenschaftlicher Heftigkeit« – selbst die Besten sind nicht mehr imstande, an ihrer symbolischen Unschuld, an ihrer völligen Hingabe an das symbolische Ritual festzuhalten, während der Mob der »Schlimmsten« sich in (rassistischen, religiösen, sexistischen usw.) Fanatismus stürzt.

Beschreibt diese Gegenüberstellung nicht gut die heutige Spaltung zwischen den toleranten, aber anämischen Liberalen und den Fundamentalisten, die voll sind von »leidenschaftlicher Heftigkeit«? Unsere Misere hat einen vollkommenen Ausdruck in *Sandcastles. Buddhism and Global Finance* gefunden, einer Dokumentation von Alexander Oey (2005), einem wunderbar zweideutigen Werk, das Kommentare des Ökonomen Arnoud Boot, des Soziologen Saskia Sassen und des tibetanischen buddhistischen Lehrers Dzongzar Khyentse Rinpoche miteinander verbindet. Sassen und Boot erörtern die gigantische Perspektive und Macht ebenso wie die gesellschaftlichen und ökonomischen Auswirkungen des globalen Finanzwesens: die Kapitalmärkte, derzeit mit einem Gesamtwert von geschätzten

83 Billionen Dollar, sind Teil eines Systems, das allein auf dem Eigeninteresse basiert und in dem ein oft auf Gerüchten beruhendes und dem Herdentrieb folgendes Verhalten innerhalb von Stunden den Wert von Firmen – oder ganzen Volkswirtschaften – ins Unermeßliche steigen lassen oder vernichten kann. Khyentse Rinpoche kontert mit Grübeleien über die Natur der menschlichen Wahrnehmung, über Täuschung und Erleuchtung; sein philosophisch-ethisches Statement »Überwinden Sie Ihr Verhaftetsein an etwas, das es in Wirklichkeit gar nicht gibt, sondern das nur eine Wahrnehmung ist« soll ein neues Licht auf den verrückten Tanz der Milliarden-Dollar-Spekulationen werfen. Die buddhistische Vorstellung zitierend, daß es kein Selbst gibt, nur einen Strom nicht abreißender Wahrnehmungen, kommentiert Sassen das globale Kapital wie folgt: »Es ist durchaus nicht so, daß es 83 Billionen Dollar gäbe. In der Essenz ist das vielmehr eine nicht abreißende Gesamtheit von Bewegungen. Es verschwindet und erscheint wieder« ... Die Frage ist hier natürlich, wie wir diese Parallele zwischen der buddhistischen Ontologie und der Struktur des virtuellen Universums des Kapitalismus zu verstehen haben. Der Film tendiert zur humanistischen Interpretation: Durch die buddhistische Brille betrachtet, täuscht der Überfluß des globalen finanziellen Reichtums, mit der objektiven Realität hat er nichts zu tun – das sehr reale menschliche Leiden, hervorgebracht durch Geschäftsabschlüsse, die auf Börsenparketts und in Sälen zustande gekommen sind, in die die meisten von uns keinen Einblick haben. Wenn man jedoch die Prämisse akzeptiert, daß der Wert des materiellen Reichtums ebenso wie die eigene Erfahrung der Wirklichkeit subjektiver Natur sind und daß das Habenwollen eine entscheidende Rolle sowohl im täglichen Leben als auch in der neoliberalen Ökonomie spielt, ist es dann nicht möglich, die genau entgegengesetzte Schlußfolgerung zu zie-

hen? Ist es nicht so, daß unsere traditionelle Lebenswelt auf den naiv-realistischen substantialistischen Vorstellungen von einer Außenwelt basiert, die aus festgewordenen Objekten bestehe, während die unerhörte Dynamik des »virtuellen Kapitalismus« uns mit der trügerischen Natur der Realität konfrontiert? Welchen besseren Beweis für das Substanzlose der Realität gibt es als ein unermeßliches Glück, das aufgrund falscher Gerüchte innerhalb weniger Stunden in Nichts zergehen kann? Warum also darüber klagen, daß Finanzspekulationen mit Termingeschäften »mit der objektiven Realität [...] nichts zu tun« haben, wenn die Grundvoraussetzung der buddhistischen Ontologie die ist, daß es keine objektive Realität *gibt*? Die einzige »kritische« Lehre, die aus buddhistischer Sicht über den heutigen virtuellen Kapitalismus zu ziehen ist, ist also die, daß man sich bewußt sein sollte, daß wir es mit einem bloßen Schattentheater, mit substanzlosen virtuellen Entitäten zu tun haben und uns demzufolge nicht mit Leib und Seele am kapitalistischen Spiel beteiligen, sondern das Spiel mit innerer Distanz spielen sollten. Der virtuelle Kapitalismus könnte somit als erster Schritt zur Befreiung dienen: er konfrontiert uns mit der Tatsache, daß die Ursache unseres Leidens und unserer Versklavung nicht die objektive Realität ist (weil es dergleichen gar nicht gibt), sondern unser Habenwollen, unsere Gier nach materiellen Dingen, unser exzessives ihnen Verhaftetsein; alles, was zu tun ist, wenn man die falsche Vorstellung von einer substantialistischen Realität hinter sich gelassen hat, ist daher, dem eigenen Habenwollen zu entsagen, die Haltung von innerem Frieden und Distanz einzunehmen... Kein Wunder, daß dieser Buddhismus als perfekte ideologische Ergänzung zum heutigen virtuellen Kapitalismus dienen kann: Er erlaubt uns, mit innerer Distanz, gleichsam mit gekreuzten Fingern daran teilzunehmen.

»Die Wahrheit hat die Struktur einer Fiktion«: Gibt es für diese These eine bessere Exemplifikation als Cartoons, in denen die Wahrheit über die bestehende Gesellschaftsordnung so unmittelbar dargestellt wird, wie es im Erzählkino mit »realen« Schauspielern niemals möglich wäre? Denken wir an das Bild von der Gesellschaft, das uns aus aggressiven Cartoons, in denen Tiere miteinander kämpfen, entgegenspringt: rücksichtsloser Kampf ums Überleben, brutale Fallen und Attacken, Ausbeutung anderer... Müßte dieselbe Geschichte in einem Featurefilm mit »realen« Schauspielern erzählt werden, so würde er zweifellos entweder zensiert oder als geradezu lächerlich pessimistisch abgetan werden. Ist die ultimative Bestätigung für dieses Paradox nicht das der nationalsozialistischen Konzentrationslager? Die Standardvorstellung ist die, daß wir dann in Fiktion flüchten, wenn eine unmittelbare Konfrontation mit der Wirklichkeit zu traumatisch wäre, um ausgehalten werden zu können. Aber spricht das Schicksal der Darstellungen des Holocausts in der Kunst nicht für die entgegengesetzte Ansicht? So furchtbar sie sind, wir können uns sehr wohl Dokumentarfilme über den Holocaust anschauen, den Blick auf die Dokumente dieser Katastrophe aushalten, während in allen Versuchen, eine »realistische« narrative Fiktion der Ereignisse im Vernichtungslager zu erstellen, ein Moment des Schwindels liegt. Diese Tatsache ist mysteriöser, als es den Anschein haben mag: Wie kommt es, daß es uns leichter fällt, einen Dokumentarfilm über Auschwitz anzuschauen, als eine überzeugende fiktionale Darstellung dessen zu schaffen, was dort geschah? Warum sind die besten Filme über die Shoah ausnahmslos Komödien? Man sollte hier Adorno korrigieren: nicht Gedichte, sondern *Prosatexte* können nach Auschwitz nicht mehr geschrieben werden. Dokumentarischer Realismus ist also für die, die Fiktion – das Übermaß an Phantasie, das in jeder narrativen Fiktion am Werk ist – nicht ertragen können. Unzulänglich ist die realistische Prosa, während die poetische Beschwörung der unerträglichen Atmosphäre in einem Lager die Sache viel genauer trifft. Das heißt, wenn Adorno Poesie nach Auschwitz für unmöglich erklärt, dann ist diese Unmöglichkeit eine ermöglichende Unmöglichkeit: Poesie spricht immer, per definitionem, »über« etwas, das nicht unmittelbar, sondern nur durch Anspielung angesprochen werden kann.

Was also ist, genauer betrachtet, diese Fiktion? Schon seit Jahrzehnten zirkuliert ein klassischer Witz unter den Lacanisten, der die Schlüsselrolle des Wissens des Anderen exemplifizieren soll: Ein Mann, der sich für ein Samenkorn hält, kommt in eine psychiatrische Anstalt, in der die Ärzte ihr Bestes tun und ihn schließlich davon überzeugen, daß er kein Samenkorn, sondern ein Mann ist. Doch als er geheilt ist (also überzeugt davon, daß er kein Samenkorn, sondern ein Mann ist) und die Anstalt verlassen darf, ist er sogleich wieder da, zitternd vor Angst – da sei ein Huhn vor der Tür, und er habe Angst, daß es ihn fressen werde. »Lieber Freund«, sagt der Arzt, »Sie wissen ganz genau, daß Sie kein Samenkorn, sondern ein Mann sind.« Darauf antwortet der Patient: »Natürlich weiß *ich* das, aber weiß das Huhn es auch?« Das wahre Hindernis für die psychoanalytische Behandlung liegt darin, daß es nicht genügt, den Patienten von der unbewußten Wahrheit seiner Symptome zu überzeugen; daß das Unbewußte selbst dazu gebracht werden muß, diese Wahrheit anzunehmen. Hier irrte selbst Hannibal Lecter, dieser Proto-Lacanist: nicht das Schweigen der Lämmer, die Ignoranz der Hühner ist der wahre traumatische Kern des Subjekts... Gilt nicht genau dasselbe für den Marxschen Warenfetischismus? Hier der Beginn des berühmten Punkts 4 des Ersten Kapitels des *Kapitals*, über den »Fetischcharakter der Ware und sein Geheimnis«:

»Eine Ware scheint auf den ersten Blick ein selbstverständliches, triviales Ding. Ihre Analyse ergibt, daß sie ein sehr vertracktes Ding ist, voll metaphysischer Spitzfindigkeit und theologischer Mucken.«[2]

Diese Zeilen sollten uns erstaunen, da sie sich um die Standardprozedur der Entmystifizierung eines theologischen Mythos drehen, der Entmystifizierung, die ihn auf seine irdische Grundlage reduziert: Marx behauptet aber nicht in der üblichen Form aufklärerischer Kritik, daß die kritische Analyse zeigen sollte, wie das, was eine mysteriöse theologische Entität zu sein scheint, aus dem »gewöhnlichen« Prozeß des wirklichen Lebens entstanden ist; er behauptet im Gegenteil, daß es Aufgabe der kritischen Analyse sei, die »metaphysische Spitzfindigkeit« und die »theologischen Mucken« in dem zu entdecken, was auf den ersten Blick ein gewöhnlicher Gegenstand zu sein scheint. Mit anderen Worten, wenn ein kritischer Marxist einem bürgerlichen Subjekt begegnet, das dem Warenfetischismus verfallen ist, dann lautet die Kritik des Marxisten nicht: »Die Ware mag dir als magisches, mit speziellen Kräften ausgestattetes Objekt erscheinen, in Wirklichkeit ist sie aber nur verdinglichter Ausdruck der Beziehungen zwischen Menschen.« Sondern die tatsächliche Kritik des Marxisten lautet: »Du meinst vielleicht, daß die Ware dir als bloße Verkörperung gesellschaftlicher Beziehungen entgegentrete (daß beispielsweise Geld eine Art Bürgschaft für dein Anrecht auf einen Teil des Sozialprodukts sei), in Wirklichkeit aber treten die Dinge dir nicht in dieser Weise entgegen – in deiner gesellschaftlichen Realität bezeugst du durch deine Teilnahme am gesellschaftlichen Tausch vielmehr die unheimliche Tatsache, daß eine Ware dir in Wirklichkeit als magisches, mit speziellen Kräften ausgestattetes Objekt entgegentritt.« Mit anderen Worten, wir können uns folgendes vorstellen: Ein bürgerliches Subjekt besucht einen Kursus in Marxismus, in dem es über den Warenfetischismus belehrt wird. Doch nach Abschluß des Kurses steht es plötzlich wieder vor dem Dozenten und klagt, daß es noch immer Opfer des Warenfetischismus sei. Darauf sagt der Dozent zu ihm: »Aber du weißt jetzt, wie es sich wirklich verhält; daß Waren nur Ausdruck gesellschaftlicher Beziehungen sind, also nichts Magisches an ihnen ist!« Worauf der Teilnehmer antwortet: »Natürlich weiß ich all das, aber die Waren, mit denen ich zu tun habe, scheinen es nicht zu wissen!« Buchstäblich wird diese Situation von Marx in seiner berühmten Fiktion beschworen, daß die Waren anfangen, miteinander zu sprechen:

»Könnten die Waren sprechen, so würden sie sagen, unser Gebrauchswert mag den Menschen interessieren. Er kommt uns nicht als Dingen zu. Was uns aber dinglich zukommt, ist unser Wert. Unser eigner Verkehr als Warendinge beweist das. Wir beziehn uns nur als Tauschwerte aufeinander.«[3]

Die wahre Aufgabe besteht also nicht darin, das Subjekt, sondern die Hühner-Waren zu überzeugen: nicht die Art und Weise zu verändern, in der wir über Waren sprechen, sondern die, *in der die Waren untereinander sprechen*... Alenka Zupančić hat hier Nägel mit Köpfen gemacht und ein brillantes Beispiel ersonnen, das sich auf Gott selbst bezieht:

»In der aufgeklärten Gesellschaft, sagen wir des revolutionären Terrors, wird ein Mann ins Gefängnis gesteckt, weil er an Gott glaubt. Mit verschiedenen Maßnahmen, vor allem aber mit einer aufgeklärten Belehrung wird er zu der Einsicht gebracht, daß Gott nicht existiert. Nachdem er entlassen worden ist, kehrt er zurück und erklärt, daß er sich schrecklich fürchte, von Gott bestraft zu werden. Natürlich weiß er, daß Gott nicht existiert. Aber weiß Gott das auch?«[4]

Natürlich ist genau dies (nur) im Christentum geschehen, als Christus, am Kreuz sterbend, sein »Vater, Vater, warum hast du mich verlassen?« schrie. Einen kurzen Augenblick lang *glaubt Gott Selbst nicht an sich* – oder, wie G. K. Chesterton in emphatischen Worten gesagt hat:

»Als die Welt ins Wanken geriet und die Sonne am Himmel erlosch, da war es nicht der Kreuzigung wegen, sondern wegen des Schreies am Kreuz: des Schreies wegen, der bekannte, daß Gott von Gott verlassen worden war. Und nun lasse man die Revolutionäre unter allen Glaubensformen eine Glaubensform und unter allen Göttern einen Gott aussuchen. Sie werden keinen andern Gott finden, der sich selbst in Revolte befunden hätte. Oder (die Sache wird für menschliche Sprache zu schwierig) man lasse die Atheisten selbst einen Gott aussuchen. Sie werden nur *eine* Gottheit finden, die ihre eigene Isoliertheit zum Ausdruck brachte; nur *eine* Religion, in der Gott einen Augenblick lang Atheist zu sein schien.«[5]

In diesem genauen Sinne ist das heutige Zeitalter vielleicht weniger atheistisch als jedes frühere: Wir alle sind bereit, uns äußerstem Skeptizismus zu überlassen, zynischer Distanz, Ausbeutung anderer »ohne Illusionen«, Übertretungen aller ethischen Grenzen, extremen sexuellen Praktiken usw. usw. – im Schutz des stillschweigenden Wissens, daß der große Andere nichts davon weiß: »Das weibliche Subjekt ist bereit, eine ganze Menge zu tun, sich radikal zu verändern, wenn es nur im Anderen dasselbe bleiben kann (im Symbolischen als der Außenwelt, in der, um es mit Hegelschen Begriffen zu sagen, das Selbstbewußtsein des Subjekts als etwas verkörpert, materialisiert ist, das sich noch nicht als Bewußtsein weiß). In diesem Fall ist der Glaube an den Anderen (in der modernen Form des Glaubens, daß der Andere nicht wisse) genau das, was am Stand der Dinge festzuhalten hilft, trotz aller subjektiver Mutationen und

Permutationen. Das Universum des Subjekts würde sich erst in dem Augenblick wirklich verändern, wenn es zu der Erkenntnis gelangte, daß der Andere weiß (daß er nicht existiert).«[6]

Natürlich drängt sich hier ein Gegenargument auf: der Andere existiert doch wirklich nicht; was existiert, ist allein unsere Aktivität. Oder, direkter und einfacher: Waren sprechen nicht zueinander, wir legen ihnen diese magische Eigenschaft nur bei. Gott existiert nicht und kann daher weder wissen noch nicht wissen, daß er tot ist... In der Tat, aber das ist genau der Punkt: der große Andere (die soziospirituelle Substanz) hat, wie Hegel gesagt hätte, keine Existenz an sich, er existiert nur als Bezugspunkt, beseelt von der chaotischen Aktivität und Interaktion zahlreicher Individuen. Aus diesem Grund liegt die Spaltung, von der wir sprechen – die Spaltung zwischen dem Wissen des Subjekts und dem des Anderen –, im Subjekt selbst: als die Spaltung zwischen dem, was das Subjekt weiß, und dem, was das Subjekt beim Anderen als Wissen voraussetzt, ihm beilegt (weshalb es für das Subjekt so erschütternd ist zu erfahren, daß der Andere weiß, was er vermeintlicherweise nicht weiß). Niels Bohr, der auf Einsteins Wort »Gott würfelt nicht« die richtige Antwort gegeben hat (»Albert, hör endlich auf, dem lieben Gott Vorschriften zu machen!«), hat auch das perfekte Beispiel dafür gegeben, wie eine fetischistische Verleugnung des Glaubens in der Ideologie funktioniert: Beim Anblick eines Hufeisens an seiner Tür fragte ein erstaunter Besucher, ob er daran glaube, daß ein Hufeisen Glück bringe, worauf Bohr antwortete: »Natürlich nicht. Aber wissen Sie, [...] es soll einem auch helfen, wenn man nicht daran glaubt.« Dieses Paradox bringt klar zum Ausdruck, inwiefern Glaube reflexiv ist: Glaube ist niemals eine Sache bloßen Glaubens – man muß auch an das Glauben selbst glauben. Daher hat Kierkegaard zu Recht behauptet, daß wir nicht wirklich glaubten (an Christus); wir glaubten nur zu glauben – und Bohr konfrontiert uns nur mit dem logischen Negativ dieser Reflexivität (man kann an seinen Glauben auch *nicht* glauben...).

An einem bestimmten Punkt begegnen sich die Anonymen Alkoholiker mit Pascal: »Tu so, als ob du es tätest, bis du es wirklich tust.« Die Kausalität der Gewohnheit ist jedoch komplexer, als es den Anschein haben mag: Weit entfernt, eine Erklärung dafür zu bieten, wie Glaube entsteht, bedarf sie selbst der Erklärung. Als erstes muß spezifiziert werden, daß Pascals »Knie nieder, und du wirst glauben« als eine Art selbstreferentieller Kausalität verstanden werden muß: »Knie nieder, und du wirst glauben, *daß du niedergekniet hast, weil du glaubtest*!« Das zweite ist, daß Glaube im »normalen«, zynischen Funktionieren der Ideologie auf einen anderen verschoben wird, auf ein »Subjekt, dem Glaube unterstellt wird«, so daß die wahre Logik die ist: »Knie nieder, und du wirst *einen anderen glauben machen*!« Man muß dies wörtlich nehmen und sogar eine Art Umkehrung von Pascals Formel wagen: »Du glaubst zu sehr, zu unmittelbar? Du fühlst dich durch deinen Glauben in seiner rohen Unmittelbarkeit zu sehr unterdrückt? Dann knie nieder, tu so, als ob du glaubtest, und *du wirst deinen Glauben loswerden* – du wirst nicht mehr selbst glauben müssen, dein Glaube wird schon ex-sistieren, objektiviert in deinem Akt des Betens!« Was also, wenn man niederkniet und betet, nicht so sehr, um seinen Glauben wiederzufinden, sondern im Gegenteil, um seinen Glauben und seine allzu große Nähe *loszuwerden*, um einen Raum zum Atmen, einen minimalen Abstand zum Glauben zu gewinnen? Zu glauben – »unmittelbar« zu glauben, ohne die externalisierende Vermittlung eines Rituals – ist eine schwere, unterdrückende, traumatisierende Last, die man durch Ausübung eines Rituals vielleicht einem Anderen übertragen kann... Wenn es einen Freudschen ethischen Imperativ gibt, dann den, daß man *Mut zu seinen eigenen Überzeugungen* haben soll: daß man wagen soll, seine Identifikationen ohne Abstriche anzunehmen. Genau dasselbe gilt für die Ehe: die implizite Voraussetzung (oder genauer der implizite Imperativ) der Standardideologie der Ehe besagt nichts anderes, als daß in ihr keine Liebe sein soll. Die Pascalsche Formel für die Ehe lautet daher nicht »Du liebst deinen Partner nicht? Dann heirate ihn oder sie, absolviere das Ritual des gemeinsamen Lebens, und die Liebe wird von selbst entstehen!«, sondern im Gegenteil: »Du liebst jemanden zu sehr? Dann heirate. Ritualisiere deine Liebesbeziehung, um dich von der exzessiven leidenschaftlichen Hingabe zu kurieren und sie durch die öde alltägliche Gewohnheit zu ersetzen. Und wenn du der Versuchung der Leidenschaft nicht widerstehen kannst, dann gibt es dafür außereheliche Affären...«

Wenn Alain Badiou[7] betont, daß doppelte Negation nicht dasselbe ist wie Affirmation, dann bestätigt er nur das alte Hegelsche Motto »les non-dupes errent«. Nehmen wir als Beispiel die Affirmation »Ich glaube«. Die Negation lautet: »Ich glaube nicht wirklich, ich tue nur so, als ob ich glaubte.« Die eigentlich Hegelsche Negation der Negation ist nicht die Rückkehr zum unmittelbaren Glauben, sondern das selbstbezügliche So-tun-als-ob: »Ich tue so, als ob ich so täte, als ob ich glaubte«, was bedeutet: »Ich glaube wirklich, ohne es zu merken.« Ist die ultimative Form der Ideologiekritik heute daher nicht die Ironie? Ironie im genauen *Mozartschen* Sinne, nämlich die Behauptungen ernster zu nehmen als die Subjekte, die sie äußern? Oder, wie Descartes es am Beginn des dritten Teils seines *Discours de la méthode* ausgedrückt hat: Viele wissen selbst nicht, was sie glauben, »denn da der geistige Akt, durch den man etwas glaubt, verschieden ist von dem, durch den man erkennt, daß man es glaubt, ist oft der eine ohne den anderen da«.[8]

Im Fall der sogenannten »Fundamentalisten« wird dieses »normale« Funktionieren der Ideologie, bei dem der ideologische Glaube dem Anderen übertragen wird, durch die gewaltsame Wiederkehr des unmittelbaren Glaubens gestört – sie »glauben wirklich daran«. Tun sie es wirklich? Was, wenn der neo-obskurantistische Glaube in all seinen Erscheinungsformen, von Verschwörungstheorien bis zum irrationalen Mystizismus, dann in Erscheinung tritt, wenn der Glaube selbst, das elementare Sichverlassen auf den Anderen, die symbolische Ordnung, versagt? Ist dies nicht heute der Fall?

Dies führt uns zur Formel für den Fundamentalismus: *Was aus dem Symbolischen (dem Glauben) ausgeschlossen wird, kehrt im Realen (eines unmittelbaren Wissens) wieder.* Ein Fundamentalist glaubt nicht, er *weiß* unmittelbar. Um es anders auszudrücken, der liberal-skeptische Zynismus und der Fundamentalismus haben einen elementaren, grundlegenden Zug gemein: Den Verlust der Fähigkeit zu glauben im eigentlichen Sinne des Wortes. Für beide sind religiöse Statements quasi-empirische Statements unmittelbaren Wissens, wobei die Fundamentalisten sie als solche akzeptieren, während die skeptischen Zyniker sich über sie lustig machen. Was für sie undenkbar ist, ist der »absurde« Akt der *Entscheidung*, der jeden authentischen Glauben konstituiert, einer Entscheidung, die nicht in der Kette der »Gründe«, in positivem Wissen fundiert werden kann: die »ernstgemeinte Heuchelei« eines Menschen wie Anne Frank, die im Angesicht der furchtbaren Verkommenheit der Nazis in einem wahrhaften Akt des credo quia absurdum ihren Glauben an das fundamentale Gute in allen Menschen bekräftigte. Kein Wunder, daß unter den leidenschaftlichsten Computer-Hackern sich religiöse Fundamentalisten befinden, die immer geneigt sind, ihre Religion mit den jüngsten Ergebnissen der Wissenschaften zu verbinden: Für sie gehören religiöse und wissenschaftliche Statements zur selben Form positiven Wissens. (In diesem Sinne ist der Status der »allgemeinen Menschenrechte« ebenfalls der reinen Glaubens: Sie können nicht in unserer Kenntnis des menschlichen Wesens gegründet sein, sondern sind ein durch unsere Entscheidung aufgestelltes Axiom.) Man ist also zu der paradoxen Schlußfolgerung genötigt, daß in der Gegenüberstellung der traditionellen säkularen Humanisten auf der einen Seite und der religiösen Fundamentalisten auf der anderen die Humanisten für den Glauben, die Fundamentalisten aber für das Wissen stehen – kurz, die wahre Gefahr des Fundamentalismus besteht in der Tatsache, daß er eine Bedrohung nicht etwa für das säkulare wissenschaftliche Wissen, sondern für den authentischen Glauben darstellt.

Worin aber bestünde ein solcher Glaube heute? Beginnen wir mit dem, worin er definitiv *nicht* besteht. Es ist interessant zu sehen, daß Sloterdijk zwar Ziel eines schweren Habermasschen Angriffs war, als Lösung für die Kluft zwischen der Wissenschaft und dem Universum des Sinns aber eine »humanistische« Synthese der neuen wissenschaftlichen Wahrheit und des alten Horizonts des Sinns vorgeschlagen hat, die davon letztlich durch eine beinah unsichtbare Linie getrennt ist. Sloterdijk zufolge beinhaltet »Humanismus« immer eine solche Versöhnung, eine Brücke zwischen dem Neuen und dem Alten: Wenn wissenschaftliche Ergebnisse das alte Universum des Sinns untergraben, sollte man einen Weg finden, sie in das Universum des Sinns zu reintegrieren oder genauer das alte Universum des Sinns metaphorisch so auszuweiten, daß es auch neue wissenschaftliche Sätze »abdecken« kann. Wenn wir mit dieser Vermittlungsaufgabe scheitern, bleiben wir in der brutalen Alternative stecken zwischen der reaktionären Weigerung, wissenschaftliche Ergebnisse zu akzeptieren, und dem erschütternden Verlust der Sphäre des Sinnes selbst. Wir stehen heute vor derselben Herausforderung: »Die Mathematiker müssen Poeten werden, die Kybernetiker Religionsphilosophen, die Ärzte Komponisten, die Informatiker Schamanen.«[9] Aber ist diese Lösung nicht die des *Obskurantismus* im genauen Sinne des Versuches, Sinn und Wahrheit zusammengespannt zu halten? »[...] die einfachste Definition Gottes und der Religion liegt in dem Gedanken, daß Wahrheit und Sinn ein und dasselbe sind. Der Tod Gottes ist das Ende des Gedankens, der Wahrheit und Sinn als ein und dasselbe setzt.«[10]

Badiou weist zu Recht mit Nachdruck auf den Zusammenhang zwischen dieser Disjunktion von Sinn und Wahrheit und dem Kapitalismus hin: Der Kapitalismus ist die erste sozio-ökonomische Ordnung, die *den Sinn enttotalisiert*: er ist nicht global auf der Ebene des Sinns (es gibt kein globales »kapitalistisches Weltbild«, keine eigentlich »kapitalistische Kultur« – die fundamentale Lehre der Globalisierung ist vielmehr die, daß der Kapitalismus sich allen Kulturen anpassen kann, von der christlichen bis zur hinduistischen und buddhistischen); seine globale Dimension kann nur auf der Ebene der Wahrheit-ohne-Sinn formuliert werden, als das »Reale« des globalen Marktmechanismus. Sofern der Kapitalismus bereits den Bruch zwischen Sinn und Wahrheit verfügt, kann man ihm daher auf zwei Ebenen entgegentreten: auf der Ebene des Sinns (konservative Reaktionen, um den Kapitalismus wieder in irgendeine gesellschaftliche Sphäre des Sinns zu zwängen, seine sich selbst vorantreibende Bewegung innerhalb der Grenzen eines Systems gemeinsamer »Werte« zu halten, die eine »Gemeinschaft« in ihrer »organischen Einheit« zementieren) oder das Reale des Kapitalismus mit Bezug auf seine außerhalb des Sinns liegende Wahrheit in Frage zu stellen (was im Grunde das ist, was Marx getan hat). Die vorherrschende religiöse Strategie ist heute natürlich die, das wissenschaftliche Reale innerhalb der Grenzen des Sinns zu halten – Religion findet ihre neue Raison d'être als Antwort auf das wissenschaftliche Reale (das sich in den Gefahren der Biogenetik materialisiert):

»Weit entfernt, von Wissenschaft, Religion und dem Verbund der Religionen gestoppt zu werden, schreitet der Formationsprozeß jeden Tag weiter voran. Es besteht wunderbare Einigkeit über diese Fragen zwischen den weltlichen und allen religiösen Autoritäten; sie reden sich ein, daß sie sich irgendwo einig werden sollten, damit der Widerhall genauso wunderbar werde, und sagen sogar, daß das Weltliche letztlich eine Religion wie die anderen sei. Wir sehen das, weil sich zeigt, daß der Diskurs der Wissenschaft sich teilweise mit dem Todestrieb verbunden hat. Die Religion wird in die Position der bedingungslosen Verteidigung des Lebendigen gesetzt, des Lebens in der Menschheit, sie wird zum Wächter des Lebens und das Leben zum Absolutum gemacht. Das erstreckt sich auch auf den Schutz der menschlichen Natur. [...] Dies ist es [...], was der Religion im Sinn, nämlich durch die Errichtung von Schranken – gegen das Klonen, gegen die Ausbeutung menschlicher Zellen – eine Zukunft verschafft, und Wissenschaft in einen gemäßigten Fortschritt einzuschreiben. Wir sehen ein wunderbares Bemühen, eine neue jugendliche Kraft der Religion in ihrem Bemühen, das Reale mit Sinn zu überfluten.«[11]

Wenn der Papst also der modernen »Kultur des Todes« die christliche »Kultur des Lebens« entgegenhält, dann nimmt er nicht nur in übertreibender Weise auf verschiedene Einstellungen zur Abtreibung Bezug. Seine Statements müssen vielmehr wörtlicher und zugleich allgemeiner genommen werden: Es ist nicht nur so, daß die Kirche

»frohe Botschaften« zu bieten hat, das Vertrauen in unsere Zukunft, die Hoffnung, die den Sinn des Lebens verbürgt, sondern das Begriffspaar Kultur des Lebens / Kultur des Todes muß auf die Freudsche Gegenüberstellung von Lebens- und Todestrieb bezogen werden. Das »Leben« steht für die Herrschaft des »Lustprinzips«, für die homöostatische Stabilität von Lüsten, die vor den belastenden Schocks exzessiver Jouissance geschützt sind, so daß der Papst darauf setzt, daß religiöse Spiritualität irdischen Lüsten paradoxerweise nicht nur nicht entgegensteht, sondern daß *nur* diese Spiritualität den Rahmen für ein erfülltes und zufriedenes, lustvolles Leben bieten kann. Dagegen steht der »Tod« für das Reich »jenseits des Lustprinzips«, für all jene Exzesse, mit denen das Reale das Gleichgewicht des Lebens stört, von der exzessiven sexuellen Jouissance bis zum wissenschaftlichen Realen, das artifizielle Monster hervorbringt... Die entscheidende Frage im Bezug auf die Religion heute lautet: Lassen wirklich alle religiösen Erfahrungen und Bräuche sich innerhalb dieser Dimension der Verbindung von Wahrheit und Sinn halten?

Der beste Ausgangspunkt für die Untersuchung dieser Frage ist der Punkt, an dem die Religion selbst einem Trauma gegenübersteht, einem Schock, der die Verbindung zwischen Wahrheit und Sinn löst; der Punkt, an dem sie einer Wahrheit gegenübersteht, die so traumatisch ist, daß sie nicht in das Universum des Sinns integriert werden kann. Jeder Theologe steht früher oder später vor dem Problem der Frage, wie die Existenz Gottes mit der Faktizität der Shoah oder eines ähnlich exzessiven Bösen versöhnt werden kann: Wie können wir die Existenz eines allmächtigen und wohlwollenden Gottes mit dem furchtbaren Leiden von Millionen Unschuldiger versöhnen, von Kindern etwa, die in den Gaskammern umgebracht wurden? Erstaunlicherweise (oder auch nicht) bilden die theologischen Antworten auf diese Frage eine befremdliche Abfolge Hegelscher Dreischritte. Jene, die die göttliche Souveränität ungeschmälert wissen wollen und daher Gott die volle Verantwortung für die Shoah beilegen müssen, bringen zunächst (1) die »legalistische« Theorie von Sünde und Strafe vor (die Shoah muß eine Strafe für die Sünden der Menschheit oder der Juden selbst sein); dann gehen sie (2) zur »moralistischen« Charaktererziehungstheorie über (die Shoah muß wie die Geschichte Hiobs verstanden werden, als radikalste Prüfung unseres Glaubens an Gott – wenn wir diese Prüfung überleben, wird unser Charakter fest stehen...); und schließlich nehmen sie zu einer Art »unendlichem Urteil« Zuflucht, das sie aus der Bredouille befreien soll, nachdem alles gewöhnliche Verhältnis zwischen der Shoah und ihrem Sinn zusammengebrochen ist: (3) zur Theorie vom göttlichen Mysterium (Tatsachen wie die Shoah bezeugen den unergründlichen Abgrund des göttlichen Willens). In Übereinstimmung mit dem Hegelschen Motto eines doppelten Mysteriums (das Mysterium, das Gott für uns ist, muß auch für Gott Selbst eines sein) kann die Wahrheit dieses »unendlichen Urteils« nur die sein, Gottes volle Souveränität und Allmacht zu verneinen.[12] Der nächste Dreischritt wird von denen entworfen, die die Shoah nicht mit Gottes Allmacht vereinbaren können (wie konnte Er nur zulassen, daß es geschah?) und sich für irgendeine Form göttlicher Beschränktheit entscheiden: (1) Zunächst wird Gott unmittelbar als endlich oder zumindest in seinen Möglichkeiten eingeschränkt, nicht allmächtig, nicht allumfassend gesetzt – er wird von der dichten Trägheit seiner eigenen Schöpfung erdrückt; dann wird (2) diese Beschränktheit auf Gott Selbst als sein freier Akt zurückreflektiert: Gott hat sich selbst beschränkt, Er beschränkte seine Macht freiwillig, um Raum für menschliche Freiheit zu lassen, so daß wir, die Menschen, für das Böse in der Welt also voll verantwortlich sind – kurz, Phänomene wie die Shoah sind der höchste Preis, den wir für die göttliche Gabe der Freiheit zu zahlen haben; schließlich wird (3) die Selbstbeschränkung externalisiert, die beiden Momente werden als autonom gesetzt – Gott hat eine Schlacht zu schlagen, es gibt eine Gegenmacht oder ein Prinzip des dämonischen Bösen, das sich in der Welt zu schaffen macht (die dualistische Lösung). Nur hier haben wir es mit dem Kern des Problems zu tun, das der Ursprung des Bösen darstellt.

Damit sind wir bei der dritten, oberhalb und jenseits der ersten beiden (dem souveränen Gott, dem endlichen Gott) stehenden Position, bei der Position eines *leidenden Gottes*: keines triumphierenden Gottes, der am Ende immer gewinnt, obwohl »seine Wege unerforschlich« sind, da er all seine Fäden im verborgenen zieht; keines Gottes, der kalte Gerechtigkeit walten läßt, da er per definitionem immer recht hat; sondern eines Gottes, der – wie der leidende Christus am Kreuz – gemartert wird, die Last des Leidens auf sich nimmt, aus Solidarität mit dem menschlichen Elend.[13] Schelling schrieb bereits, daß »Gott ein Leben ist, nicht bloß ein Sein«: »Alles Leben aber hat ein Schicksal und ist dem Leiden und Werden untertan. [...] *Ohne den Begriff eines menschlich leidenden Gottes* [...] *bleibt die ganze Geschichte unbegreiflich.*«[14] Warum? Weil Gottes Leiden beinhaltet, daß Er in die Geschichte involviert ist, betroffen von ihr, kein bloßer transzendenter Herrgott, der von oben die Fäden zieht: Gottes Leiden bedeutet, daß die menschliche Geschichte kein bloßes Schattentheater ist, sondern der Schauplatz wirklichen Ringens, des Ringens, in das das Absolute selbst involviert ist und in dem sein Schicksal sich entscheidet. Dies ist der philosophische Hintergrund von Dietrich Bonhoeffers tiefer Einsicht, daß uns nach der Shoah nur ein leidender Gott helfen kann[15] – eine passende Ergänzung zu Heideggers Diktum »Nur noch ein

Gott kann uns retten« aus seinem posthum erschienenen *Spiegel*-Interview.[16] Daher sollte man das Statement, daß »das unaussprechliche Leiden der sechs Millionen auch die Stimme des Leidens Gottes« ist,[17] ganz wörtlich nehmen: Gerade das Übermaß dieses Leidens über jedes »normale« menschliche Maß hinaus macht es göttlich. Prägnant hat dieses Paradox jüngst Habermas formuliert: »Säkulare Sprachen, die das, was einmal gemeint war, bloß eliminieren, hinterlassen Irritationen. Als sich Sünde in Schuld, das Vergehen gegen göttliche Gebote in den Verstoß gegen menschliche Gesetze verwandelte, ging etwas verloren.«[18] Aus diesem Grund werden die weltlich-humanistischen Reaktionen auf Phänomene wie die Shoah oder den GULAG (*und* andere) als unzureichend empfunden: um auf der Höhe solcher Phänomene zu sein, bedarf es etwas, das weit stärker ist, das dem alten religiösen Topos einer kosmischen Perversion oder Katastrophe verwandt ist, in der die Welt selbst »aus den Fugen« ist. Wenn man sich einem Phänomen wie der Shoah stellt, ist die einzige angemessene Reaktion die bestürzte Frage »Warum haben sich die Himmel nicht verfinstert?« (um es mit dem Titel von Arno Mayers berühmtem Buch über die Shoah – *Why did the heavens not darken?* – zu sagen). Hierin liegt das Paradox der theologischen Bedeutung der Shoah: Obwohl sie üblicherweise als die ultimative Herausforderung für die Theologie betrachtet wird (wenn es einen Gott gibt und er gütig ist, wie konnte er dann etwas so Furchtbares geschehen lassen?), hat zugleich doch *nur die Theologie einen Rahmen zu bieten, der es uns ermöglicht, annähernd das Ausmaß dieser Katastrophe zu ermessen* – das Fiasko Gottes ist immer noch das Fiasko *Gottes*. Mehr als die jüdische Tradition klingt hier die elementare protestantische Lehre nach: es gibt keinen unmittelbaren Zugang zu Freiheit/Autonomie; zwischen die Herr/Knecht-Tauschbeziehung von Mensch und Gott, und die uneingeschränkte Behauptung der menschlichen Freiheit muß in ein vermittelndes Stadium absoluter Erniedrigung treten, in der der Mensch auf ein bloßes Objekt der unergründlichen göttlichen Willkür reduziert wird.

Bilden die drei bedeutendsten Versionen des Christentums nicht ebenfalls eine Art Hegelschen Dreischritts? In der Abfolge von Orthodoxie, Katholizismus und Protestantismus ist jeder neue Begriff ein Unterbegriff, abgespalten von einer vorgängigen Einheit. Dieser Dreischritt von Allgemeinem – Besonderem – Einzelnem kann durch drei repräsentative Gründerfiguren (Johannes, Petrus, Paulus) wie auch durch drei Rassen (die slawische, die römische, die deutsche) bezeichnet werden. In der östlichen Orthodoxie haben wir die substantielle Einheit des Textes mit dem Korpus der Gläubigen, was der Grund dafür ist, daß die Gläubigen den heiligen Text auslegen dürfen: Der Text setzt sich fort und lebt in ihnen, er steht nicht außerhalb der lebendigen Geschichte als ihr Maßstab und Vorbild – die Substanz des religiösen Lebens ist die christliche Gemeinde. Der Katholizismus steht für radikale Entfremdung: Die Entität, die zwischen dem stiftenden heiligen Text und dem Korpus der Gläubigen vermittelt, die Kirche, die religiöse Institution, gewinnt ihre volle Autonomie zurück. Die höchste Autorität ist in der Kirche zu Hause, weshalb die Kirche das Recht hat, den Text auszulegen; der Text wird in der Messe auf Latein gelesen, einer Sprache, die von den gewöhnlichen Gläubigen nicht verstanden wird, und es gilt sogar als Sünde, wenn ein gewöhnlicher Gläubiger den Text unmittelbar, ohne Anleitung durch den Priester liest. Der Protestantismus schließlich sieht die einzige Autorität im Text. Er geht vom Bestehen eines unmittelbaren Bezugs jedes Gläubigen zum Wort Gottes, wie es im Text mitgeteilt worden ist, aus. Der Vermittler (das Besondere) verschwindet also, er zieht sich in Bedeutungslosigkeit zurück und ermöglicht es dem Gläubigen, die Position eines »allgemeinen Singulars« einzunehmen, des Individuums in unmittelbarem Kontakt mit der göttlichen Allgemeinheit, so daß das Göttliche auf die Mittlerrolle der betreffenden Institution nicht angewiesen ist. Diese Versöhnung wird jedoch erst möglich, nachdem die Entfremdung ins Extrem getrieben worden ist: Im Unterschied zur katholischen Vorstellung von einem fürsorglichen und liebenden Gott, mit dem man kommunizieren, ja verhandeln kann, setzt der Protestantismus mit der Vorstellung ein, daß Gott mit dem Menschen keinerlei Maß gemein habe, daß er ein unergründliches Jenseits sei, das Gnade in ganz und gar kontingenter Weise walten lasse. Spuren dieses vollkommenen Akzeptierens der ebenso unbedingten wie launischen Autorität Gottes finden sich in *The Man Comes Around*, dem Song, den Johnny Cash unmittelbar vor seinem Tod als seinen letzten aufgenommen hat, einem Song, in dem sich die Ängste der Baptisten der amerikanischen Südstaaten in exemplarischer Weise artikulieren:

Da geht ein Mann umher, nimmt Namen auf. Und entscheidet,
Wer frei sein soll und wer vor Gericht stehn. Keinen wird er behandeln
Wie alle anderen. Eine goldene Leiter wird sein, bis hinab auf die Erde reichend,
Wenn der Mann kommt und die Runde macht.

Die Haare auf den Armen werden euch zu Berge stehen, vor Entsetzen. Mit jedem
Schluck werdet ihr zugleich aus jenem letzten euch angebotenen Becher trinken
Oder verschwinden in des Töpfers Abgrund,
Wenn der Mann kommt und die Runde macht.

Hört die Trompeten, hört die Pfeifen, hört die hundert Millionen Engel singen,

Zu den Schlägen einer großen Pauke marschieren Menschenmassen,
Stimmen rufen, Stimmen weinen,
Gerade erst geboren oder schon im Sterben liegend,
Das Königreich von Alpha und Omega kommt,
Und in den Dornbüschen ist der Wirbelwind.
Die Jungfrauen putzen alle ihre Lampen,
In den Dornbüschen ist der Wirbelwind.
Schwer für dich, gegen den Stachel zu löcken,
Bis Armageddon kein Shalam und kein Shalom.

Dann wird der Hahn seine Küken rufen,
Der Weise wird sich vor dem Dorn verneigen, und vor seine Füße
Werden sie die güldenen Kronen werfen,
Wenn der Mann kommt und die Runde macht.

Wer ungerecht ist, laßt ihn weiter ungerecht sein,
Wer rechtschaffen ist, laßt ihn weiter rechtschaffen sein,
Wer schmutzig ist, laßt ihn weiter schmutzig sein.

Der Song handelt von Armageddon, dem Ende der Tage, da Gott erscheinen und das Jüngste Gericht abhalten wird – ein Ereignis, das als reiner und willkürlicher Terror dargestellt wird: Gott erscheint fast als das personifizierte Böse, gleichsam als politischer Denunziant, als ein Mann, der »kommt und die Runde macht« und Bestürzung hervorruft, weil er »Namen aufnimmt«, um zu entscheiden, wer zu den Geretteten und wer zu den Verlorenen gehören wird. Cashs Schilderung erinnert an nichts mehr als an die wohlbekannte Szene, in der Menschen für ein brutales Verhör in Reih und Glied stehen und der Denunziant auf jene deutet, die gefoltert werden sollen: Da gibt es keine Gnade, keine Vergebung der Sünden, kein Jubilieren, wir sind alle in unseren Rollen fixiert, die Gerechten bleiben gerecht, und die Schmutzigen bleiben schmutzig. Ja, schlimmer noch, in dieser göttlichen Verkündigung werden wir nicht einfach auf gerechte Weise gerichtet; als ob wir von einer willkürlichen Entscheidung erführen, werden wir von außerhalb informiert, daß wir Rechtschaffene oder Sünder waren, daß wir gerettet werden oder verdammt – diese Entscheidung hat nichts mit unseren »inneren Werten« zu tun. Aber nochmals, dieser düstere Exzeß rücksichtslosen göttlichen Sadismus – Exzeß, gemessen am Bild von einem strengen, gleichwohl gerechten Gott – ist ein notwendiges Negativum, eine Kehrseite des Exzesses, den die christliche Liebe gegenüber dem jüdischen Gesetz darstellt: Liebe, die das Gesetz suspendiert, wird notwendigerweise von willkürlicher Grausamkeit begleitet, die das Gesetz ebenfalls suspendiert.

Martin Luther ist sogar so weit gegangen, eine exkrementelle Identität des Menschen zu postulieren: Der Mensch ist wie göttliche Scheiße, herausgefallen aus Gottes Anus. Man kann natürlich der Frage nachgehen, welche tiefen Krisen Luther zu seiner neuen Theologie getrieben haben. Er war gefangen in einem äußerst mühseligen Über-Ich-Zirkel: je mehr er tat, bereute, sich bestrafte und quälte, gute Taten vollbrachte usw., um so schuldiger fühlte er sich. Dies brachte ihn zu der Überzeugung, daß im Vollbringen guter Taten Berechnung liege, daß sie schmutzig, selbstbezogen seien: weit entfernt, Gott zu gefallen, riefen sie Gottes Zorn hervor und führten zur Verdammung. Die Erlösung komme aus dem Glauben: nur unser Glaube, der Glaube an Jesus als Erlöser erlaube uns, die Über-Ich-Sackgasse zu verlassen. Gleichwohl kann seine »anale« Definition des Menschen nicht darauf reduziert werden, Ergebnis solchen Über-Ich-Drucks, der ihn zur Selbsterniedrigung getrieben habe, gewesen zu sein. Es steckt mehr dahinter: nur innerhalb dieser protestantischen Logik der exkrementellen Identität des Menschen nämlich kann die wahre Bedeutung der Inkarnation formuliert werden. In der Orthodoxie verliert Christus zuletzt seinen exzeptionellen Status: daß er idealisiert wird, erhoben zu einem edlen Vorbild, gerade das reduziert ihn auf ein ideales *Bild*, eine Gestalt, die es zu *imitieren* gilt (alle Menschen sollten danach streben, Gott zu werden) – die Imitatio Christi ist eine mehr orthodoxe als katholische Formel. Im Katholizismus ist die vorherrschende Logik die eines *symbolischen Tausches*: katholische Theologen lieben es, sich in scholastisch-juristischen Argumentationen darüber zu ergehen, wie Christus den Preis für unsere Sünden bezahlt habe usw. – kein Wunder, daß Luther auf das heruntergekommenste Ergebnis dieser Logik, die Reduktion der Erlösung auf etwas, das von der Kirche erworben werden könne, reagierte. Der Protestantismus schließlich setzt die Beziehung als *real*, begreift Christus als einen Gott, der in seinem Akt der Inkarnation freiwillig *Sich Selbst mit Seiner eigenen Scheiße identifiziert habe*, mit dem exkrementellen Realen, das der Mensch sei – und nur auf dieser Ebene läßt sich der wahrhaft christliche Begriff göttlicher Liebe erfassen, als der Begriff der Liebe zu dem elenden exkrementellen Seienden, das »Mensch« genannt wird.

Aus dem Englischen von Jens Hagestedt

Anmerkungen

1 »Der jüngste Tag«, dt. von Erich Kahler, in: William Butler Yeats, *Ausgewählte Gedichte*, in: ders., *Werke*, Bd. I., Werner Vordtriede (Hg.), Neuwied, Berlin 1970, S. 149.
2 Karl Marx, *Das Kapital. Kritik der politischen Ökonomie*, Bd. I, Berlin 1960, S. 76.
3 Marx, *Das Kapital* (s. Fußnote 2), S. 89.
4 Alenka Zupančič, *»Concrete Universal« and What Comedy Can Tell Us About It* (unveröffentl. Manuskript).
5 Gilbert Keith Chesterton, *Das Abenteuer des Glaubens, Orthodoxie*, dt. von Paula Rüf, Olten 1947, S. 228.

6 Zupančić, »*Concrete Universal*« (s. Fußnote 4).

7 Vgl. Alain Badiou, *La logique des mondes* (unveröffentl. Manuskript).

8 René Descartes, *Discours de la méthode pour bien conduire sa raison, et chercher la vérité dans les sciences/Von der Methode des richtigen Verstandesgebrauchs und der wissenschaftlichen Forschung*, dt. von Lüder Gäbe, in: ders., *Philosophische Schriften in einem Band*, Lüder Gäbe (Hg.), Hamburg 1996, S. 39.

9 Peter Sloterdijk, *Nicht gerettet*, Frankfurt/Main 1999, S. 365.

10 »A Conversation with Alain Badiou«, in: *lacanian ink* 23, New York 2004, S. 100f.

11 Jacques-Alain Miller, »Religion, Psychoanalysis«, in: *lacanian ink* 23, New York 2004, S. 18f.

12 Man denke an die unangenehme Situation, in der eine Autoritätsperson sich befinden kann, wenn sie eine gute Tat, die zu tun sie ihrem Untergebenen versprochen hat und auch liebend gern tun würde, nicht tun kann – in einer solchen mißlichen Lage hat die Autoritätsperson nur eine einzige Möglichkeit, den Anschein von uneingeschränkter Macht zu wahren: Nämlich so zu tun, als ob sie die Tat nicht wirklich habe tun wollen, sei es, weil der Untergebene das nicht verdient habe, sei es, weil er nicht so gut sei, wie es den Anschein hatte, sondern schlechte Seiten habe. »Böse« zu erscheinen kann also eine verzweifelte Strategie verbergen, den Anschein, daß man über uneingeschränkte Macht verfüge, zu wahren – läßt sich das nicht auch auf Gott münzen?

13 Eine prägnante Beschreibung dieser drei Positionen gibt Franklin Shermans Aufsatz »Speaking of God after Auschwitz«, in: *A Holocaust Reader*, Michael L. Morgan (Hg.), Oxford 2001.

14 Friedrich Wilhelm Joseph Schelling, *Philosophische Untersuchungen über das Wesen der menschlichen Freiheit und die damit zusammenhängenden Gegenstände*, in: ders., *Sämtliche Werke*, Bd. III, K. F. A. Schelling (Hg.), Stuttgart 1856-61, S. 499.

15 Zitiert in: *A Holocaust Reader*, S. 237.

16 Siehe Martin Heidegger, »Nur noch ein Gott kann uns retten«, in: *DER SPIEGEL* 23/1976, S. 193ff. Von Heidegger autorisierte Fassung: »Spiegel-Gespräch mit Martin Heidegger«, in: *Antwort. Martin Heidegger im Gespräch*, Günther Neske, Emil Kettering (Hg.). Pfullingen 1988, S. 81ff.

17 David Tracy, »Religious Values after the Holocaust«, in: *A Holocaust Reader*, S. 237.

18 Jürgen Habermas, *Glauben und Wissen*, Frankfurt/Main 2001, S. 24.

Jochen Hörisch

Joseph Ratzinger, Papa Ratzi und Benedikt XVI.

Namen sind nicht Schall und Rauch

Der Papst ist tot, es lebe der Papst. Die Sedivakanz nach dem fast drei Jahrzehnte langen Pontifikat des polnischen Charismatikers ist bemerkenswert schnell vorbei. Christus muß nicht länger ohne seinen Stellvertreter auf Erden auskommen. Habemus papam. Wir (bzw. wer immer »wir« zu sagen Gründe zu haben glaubt), wir haben einen deutschen Papst. Wir sind Papst. Auf Karol Woytila, der sich den Papstnamen Johannes Paul II. zulegte, folgt Joseph Ratzinger, der sich Benedikt XVI. nennt. Der Übergang der Pontifikate war ein einziges nicht endendes Mediengroßereignis. Die Papst-Funktion ist zuallererst eine Missions- und also Medien-Funktion.

Der Papst stirbt,* und alle sehen zu. Ecce homo: Ein alter, artikulationsunfähiger Mann mit schmerzverzerrtem Gesicht, unkontrolliertem Speichelfluß und zitternden Händen wird im Rollstuhl ans Fenster seiner Wohnung geschoben und versucht hilflos, die große Menge auf dem Petersplatz und die noch ungleich größere »draußen vor den Bildschirmen« zu grüßen. Das schaurig faszinierende Schauspiel dauert nicht lange, wird aber an mehreren Tagen wiederholt. Die Chronik eines lange und gründlich angekündigten Todes nimmt ihren in jedem Wortsinn abseh-

* Die folgenden Ausführungen zu Sterben und Tod Woytilas gehen auf meinen Beitrag im Sonderheft »Wirklichkeit« der Zeitschrift *Merkur* (2005) zurück.

baren Verlauf. Orbi et urbi: Nachdem die Leute auf dem Petersplatz mit eigenen Augen, viel deutlicher und näher aber die ganze Welt vor den Fernsehgeräten einer bedeutenden, ja welthistorischen Figur beim Sterben zugesehen hat, wird auch der Tote zur Schau gestellt.

Nach seinem Ableben wird die Leiche des Papstes einbalsamiert und medial präsentiert. Wieder und diesmal dauerhaft sind Kameras dabei, die das Geschehen direkt in alle Welt übertragen. Wir, die wir vor den TV-Monitoren sitzen, beobachten, wie zuerst outriert traditionell gewandete Bewohner des Vatikans und sodann Hunderttausende Zivilpersonen vom Pontifex Maximus Abschied nehmen. Im Mittelpunkt des Geschehens, das man kaum anders denn als Spektakel bezeichnen kann, steht bzw. liegt eine öffentlich ausgestellte und dank elaborierter Fernsehtechnik gut ansichtige Leiche.

Buchenswert ist dieses Ereignis auch für abgeklärte Beobachter der Medienszene aus vielen Gründen, darunter vor allem aber auch aus diesem: als traditionsreichste Institution der Welt agiert die katholische Kirche offensiv auf der Höhe der Mediendinge. Es ist absehbar, daß bald private Fernsehsender ausführlich Sterbende filmen, nachdem sie in Reality-TV-Sendungen wie *Big Brother* die Wonnen inszenierter Alltäglichkeit inklusive Sex gezeigt haben. Das Erstlingsrecht an der Idee zu diesem Sendeformat »beim Sterben life dabei« kann die Spitze der katholischen Kirche in Anspruch nehmen.

Ein Papst, der in vielen und gerade auch in kulturellen Hinsichten als prononciert konservativer Charakter galt, ein Papst, der in Fragen etwa der Abendmahlgemeinschaft, des Kirchenverständnisses, der Laienordination, der Schwangerschaftsberatung und des Priesteramtes für Frauen dezidiert traditionalistische bis fundamentalistische Positionen verteidigte, hatte ein geradezu enthusiastisches

Verhältnis zum avancierten Stand der Medientechnologie und zumal der Fernseh-Öffentlichkeit. Zu Recht galt er als Medien-Papst. Auf die Wirkung und Fernseh-Tauglichkeit seiner Auftritte legte er auch in Nachgesprächen mit Medienberatern äußersten Wert.

Die nur auf den ersten Blick befremdliche Kombination von erzkonservativen bis fundamentalistischen Ansichten einerseits und Medienzugewandtheit andererseits teilt er mit zwei einflußreichen Zeitgenossen, die fast gleichzeitig mit ihm machtvolle Positionen einnahmen und Geschichte machten: Ronald Reagan und Ayatollah Chomeini. Um 1979 zeichnet sich in so unterschiedlichen Weltecken wie Rom, Washington und Teheran eine brisante Konstellation ab. Hochgradig eigensinnige und betont traditionsverhaftete Konzepte rüsten ideologisch auf und stellen missionarische Ansprüche. Keine Mission ohne Emission. Keine Macht ohne Medien. Globale Geltungsansprüche stellen alle drei Mächte: die Kirche nennt sich nicht umsonst katholisch, also allumfassend; Chomeini reaktiviert die Idee der missionierenden Umma; und konservative US-Politik arbeitet seit Reagan daran, die Reiche des Bösen zu besiegen und global amerikanische Werte zu verbreiten. Da der Vatikan anders als die beiden anderen Mächte kein Militär unterhält, hat er die Idee der Medienmacht perfektioniert. Das Pontifikat von Johannes Paul II., um der titelgebenden Diktion dieses Sammelbandes zu folgen: die Johannes-Paul-II.-Funktion war immens medienmodern und zugleich betont wertekonservativ. Vieles spricht dafür, daß diese Kombination noch lange und weltweit mediale Aufmerksamkeit verdient – und organisiert.

Dafür spricht nicht zuletzt der neue Papst, auch wenn er sich, gängige Erwartungen enttäuschend, nicht Johannes Paul III. benamste. Zum vornehmsten Vorrecht eines vom Kardinalskollegium bzw. vom Heiligen Geist soeben (aus)-

gewählten Papstes gehört es, sich flugs einen neuen Namen zu geben. Aus Joseph (Kardinal) Ratzinger wird Benedikt XVI. Die Proklamation dieses neuen Namens ist die erste und zugleich eine der wichtigsten Symbolhandlungen des neuen Papstes überhaupt. Denn dieser neue Name ist tatsächlich ein Eigenname in jedem Wortsinn. Hat sein Träger ihn sich doch selbst ausgewählt und gegeben. Das kleine sprach- und namenlose Kind, das seine Eltern einst (genauer: vor 78 Jahren) im Namen des Vaters, des Sohnes und des Heiligen Geistes auf den Namen Joseph taufen ließen, gibt sich in einer Geste von schwer überbietbarer Souveränität einen neuen Namen, der mit einer Ordnungszahl versehen ist: Benedikt XVI. Taufen ist ein Akt weiser Fremdbestimmung. Ein Infans kann sich unmöglich selbst benennen. Es ist vielmehr darauf angewiesen, von jenen einen Namen zu erhalten, die ihrerseits benannt worden sind und also wissen, daß sie im Namen einer großen, anderen Instanz denjenigen benennen und besprechen, der sich nicht selbst benennen und besprechen kann.

Man kann sich, wenn man ruhmsüchtig ist, einen Namen machen wollen und, wenn man denn Erfolg hat, z.B. ein bekannter Künstler werden. Man kann sich auch ein Pseudonym wählen. Doch das sind ersichtlich andere Strategien und andere Namens- und Benennungsfunktionen als die, die bei der Namenswahl eines Papstes eine Rolle spielen. Eine Rolle, die Vorsitzende anderer Zentralkomitees so beeindruckt hat, daß sie das päpstliche Vorrecht der Selbstbenennung und der authentisch-paradoxen Selbsttaufe auch für sich reklamierten: Lenin und Stalin (letzterer war bekanntlich militant katholisch sozialisiert worden) praktizierten eine Imitatio paparum. So schlicht und so abgründig können polittheologische Programme und Funktionen geschaltet werden. Schon der Name des ersten Papstes ist ja mehr als nur ein beliebiger Name: Petrus, der Fels, auf dem die Kirche gebaut sein soll. Papstnamen können und dürfen nicht Schall und Rauch sein. Ein sich selbst benannt habender Papst ist, wie er heißt, und heißt, wie er ist. Er ist die agierende Institution, die nach ihm heißt. Das Pontifikat von Joseph Kardinal Ratzinger ist ein Pontifikat Benedikts.

Joseph Ratzinger hat sich den Namen Benedikt XVI. gegeben. Die journalistischen Standardkommentare zu dieser Namenswahl laufen über Recherchen zu den fünfzehn päpstlichen Benedikten, die dem jetzigen Benedikt vorangingen. Fünfzehn Päpste aus zwei Jahrtausenden unter eine Mitra zu bekommen ist keine einfache Aufgabe. Aber es läßt sich doch so etwas wie ein roter Faden ausmachen. Viele dieser Benedikte, der fünfzehnte (1914-1922) voran, waren um eine Konsolidierung der Kirche und (erfolglos) um Frieden in bewegten Zeiten (etwa im ersten Weltkrieg) bemüht. Nachdem Woytila bzw. Johannes Paul II. die Papstfunktion charismatisch aufgeladen hatte (und dies über fast drei Jahrzehnte – mach's einer nach und breche sich nicht den Hals), liegt eine konsolidierende Auffüllung der Pontifikatsfunktion nahe. Wer keine Angst vor symptomatisierenden Überinterpretationen hat, kann überdies noch die Ordnungszahl XVI. als rundes und konsolidierendes Zeichen begreifen. $16 = 4 \times 4$. Die Zahl vier taugt bekanntlich dazu, die vier Himmelsrichtungen zu bezeichnen. Viermal alle vier Himmelsrichtungen: könnte man das Wort »allumfassend« sinnvoll steigern, so würde sich das Programm einer wirklichen Katholizität abzeichnen.

Ein solches Programm braucht Gottes Segen. Zumal in Zeiten, in denen absehbar ist, daß ihre Signatur die weltweite Wiederkehr des Religiösen ist. Und als Bitte um Gottes Segen läßt sich die Namenswahl »Benedikt« verstehen. Benedikt: das ist der Gesegnete, der unter Gottes Segen Stehende, der Gebenedeite. Mehr als nur assoziativ steht Benedikt XVI., der zu verstehen gibt, daß er Maria fast so hingebungsvoll verehrt wie sein Vorgänger, der sich in dieser Hinsicht von niemandem überbieten lassen wollte, damit im Umkreis der Muttergottes, die gebenedeit ist unter den Weibern. Der Papst, der den in frommen katholischen Kreisen gerne vergebenen Vornamen Joseph trägt, macht damit das kleine Manko dieses bei allen kirchlich-frommen Valenzen doch weltlichen, personalausweistauglichen Vornamens wett: Joseph ist eben nicht der eigentliche Vater Jesu; er ist der heiligen Familie nur in einer Weise liiert, die von prekären Momenten nicht ganz frei ist; er ist gewissermaßen von handwerklicher, von zimmermannhafter Weltlichkeit.

Benedikt: das meint aber nicht nur den Gebenedeiten unter den Päpsten, sondern auch ganz buchstäblich denjenigen, der gut zu reden versteht (bene dicere) und über den gut gesprochen wird. Die Vielsprachigkeit des alten wie des neuen Papstes ist denn auch beeindruckend. Johannes Paul II. galt aus schnell nachvollziehbaren Gründen als ungemein medientauglicher und mit rhetorischen Gaben gesegneter Kopf. Das Image Benedikts XVI. ist ein anderes. Als charismatischer Redner und Prediger ist er während seiner jahrzehntelangen Tätigkeit als Präfekt der Glaubenskongregation im Vatikan nicht hervorgetreten. Vielmehr profilierte er sich als aktenkundiger strenger Glaubenswächter und Repräsentant der Institution Kirche, der z. B. in streitbereiter und entsprechend umstrittener christlicher Nächstenliebe der evangelischen Kirche diesen Status: Kirche zu sein, absprach. In dieser seiner Funktion als Präfekt der Glaubenskongregation erfüllte er mit bemerkenswerter Verve und Überzeugtheit die traditionsreichen inquisitorischen Funktionen der katholischen Kirche.

Mit glücklichen Personalentscheidungen war diese in jedem Sinne konservative und konservierende Entschiedenheit nicht immer verbunden. Kardinal Ratzinger hat in den langen Jahrzehnten, die er Seit an Seit mit Johannes Paul II. in Rom verbrachte, systematisch eine erzkonservative Personalpolitik betrieben. Mit frappantem Ergebnis: stockkonservative Köpfe wie Bischof Krenn, der seinen Sprengel zu einer Lachnummer machte, indem er das Priesterseminar im ländlichen St. Pölten mit einer Subkultur versah, wie sie sonst nur in dekadenten Metropolen anzutreffen ist, Kardinal Groer, der Lustknaben und damit sich selbst die Aussicht auf Erlösung absprach, oder die amerikanischen Bischöfe, die ihre pädophilen Priester deckten, waren in der Zeit ernannt worden, in denen Kardinal Ratzinger im Vatikan ein entscheidendes Wort zu sagen hatte. Ach, die Konservativen, für wie viele Unfeinheiten sie schon gesorgt haben. Ach, die militant Frommen, wie tief doch ihre Sympathie mit dem Teufel ist.

Dennoch oder eben deshalb nannte sich Joseph Kardinal Ratzinger nicht Dominicus, sondern eben Benedikt. Damit huldigte er auch dem Gründer des Benediktiner-Ordens, der seinerseits ein anderes, ein besseres, ein menschenfreundlicheres Image hat als der auf Ketzerverfolgung spezialisierte Dominikaner-Orden. Joseph Kardinal Ratzinger wurde zu Papst Benedikt XVI. in Zeiten, in denen Religion ein je nach Beobachtungsperspektive faszinierendes oder aber gespenstisches, wenn nicht gar satanisches Comeback erlebt und ein hohes Maß an Medien-Aufmerksamkeit erhält. Zur Ratzinger-Funktion gehört es auch, in dieser Hinsicht so eng wie möglich an den Vorgänger, den genuinen Medien-Papst Johannes Paul II. anzuschließen. Obwohl er weniger telegen und charismatisch ist als sein Vorgänger auf dem Stuhl Petri, verlieh ihm die ideale Gesamtmedienöffentlichkeit, so als wollte sie ihr Benennungsrecht gegen althergebrachte Privilegien eines herausgehobenen Souveräns profilieren, den Übernamen »Papa Ratzi«.

»Papa Ratzi« – siehe da: Der neue Papst trägt Prada-

Schuhe und hat einen auffallend schönen Privatsekretär. Der neue Papst ist trotz oder wegen seiner ernsten Unnachgiebigkeit illustriertentauglich. Der Feuilleton-Katholizismus ist von ihm sowieso begeistert bzw. von allen guten Geistern verlassen. Auch der kritische Philosoph Habermas schätzt Ratzinger sehr. »Papa Ratzi« – dieser Nickname hat es in sich. Bezeichnen wir doch als Paparazzi jene unangenehmen Medienprofis, die Prominente nicht in Ruhe lassen, sondern sie, wenn nicht mit Kugeln erschießen, so doch durch das Schießen von Fotos erledigen. Bemerkenswerterweise werden nun aber nicht die dem Papst nachstellenden Journalisten, sondern vielmehr wird das Objekt der medialen Begierde sprach- und namensspielerisch mit dem Ausdruck »Papa Ratzi« belegt. Mit welchem Grad an Bewußtheit auch immer dieser sofort populär gewordene Ausdruck geprägt wurde: er trifft ins Schwarze. Denn die katholische Kirche hat sich in den letzten Jahren und Jahrzehnten als der Medien-, Missions- und E-Missionskonzern geoutet, die sie ist und immer schon war. Mit einem gewissen Neid hat u. a. die evangelische Kirche in Deutschland verfolgt, wieviel Medienaufmerksamkeit die offenbar unwiderstehlich attraktive Verbindung von Traditionsbeständen und TV-Seligkeit hat. Die katholische Kirche hat nun einmal ein entspannteres Verhältnis zu Bildern, Bildgeschichten und liturgischen Choreographien als der schriftgläubige Protestantismus. Allerdings braucht sich auch der wortgewandte evangelische Bischof Huber nicht über mangelnde Medienaufmerksamkeit zu beklagen. Wir leben eben in Zeiten, in denen gilt: God sells.

Papa Ratzi: das heißt ja nicht nur, daß der zu Benedikt XVI. avancierte Joseph Ratzinger zum herausragenden Objekt medialer Begierde geworden ist, sondern eben auch, daß der Papst selbst die Funktion eines Paparazzo, also eines Medienmenschen übernimmt, der uns denn doch allzu nahe rückt und keine Diskretionsgrenzen mehr achtet. Der Stellvertreter Christi auf Erden sieht, beobachtet und kommentiert alles. Der Pfarrerssohn Nietzsche hat schon den Satz »Der liebe Gott sieht alles« mit einem knappen Kommentar versehen, den er einem jungen Mädchen aus feinem Hause in den Mund legte: »wie unfein!« Der neue Papst ist als die Medienmacht, die er innehat, doch auch mehr als bloße und schmutzige Medienmacht. Ein Papst ist ein Papst, auch wenn er ein Papa Ratzi ist. Die Funktionsgleichung ist eben nicht umkehrbar: Nicht alle Paparazzi können Päpste sein. Es gibt nur einen Paparazzo, der Papst ist.

Zu den Vorzügen dieses gebenedeiten Medienstatus gehört es, daß die Paparazzi-Kollegen sich Papa Ratzi nicht ganz so schamlos nähern wie anderen Mitmenschen. Man kann es auch anders sagen: Es ist schon bemerkenswert, daß selbst Reporter öffentlich-rechtlicher TV-Sender den Papst bei seinem Deutschland-Besuch nicht mit dieser seiner Amtsbezeichnung »Papst« namhaft machen, sondern mit Tremolostimme vom »Heiligen Vater« sprechen – was er allenfalls für eine Minderheit der Deutschen und für ca. jeden siebten Erdenbewohner ist. In der kalten Terminologie der Systemtheorie kann man den medialen Vorzug, den Papa Ratzi genießt, auch als erfolgreiche Invisibilisierung charakterisieren. Genießt er doch genau das Privileg, das Paparazzi ihren Medien-Objekten ansonsten gerade nicht gönnen: das Wegsehen, das Ausblenden, das Marginalisieren auch handfester Probleme. Und für die hat Benedikt XVI. in kurzer Frist gesorgt – ohne daß sich die Medienöffentlichkeit darauf stürzte. Ratzinger hat es in den wenigen Wochen nach seiner Wahl zum Papst (am 19. April 2005) geschafft, gleich drei bemerkenswerte Fehltritte zu tun und sie sogleich vergessen zu machen. So wie die Dinge stehen und der Zeitgeist weht, muß derjenige, der an sie gemahnt, damit rechnen, als engstirnig, unzeitgemäß und reflexhaft antikatholisch charakterisiert zu werden. Hat Ratzinger mittlerweile doch auch den Segen von Jürgen Habermas.

Benedikt XVI. hat erstens an die Opfer des jüngeren Terrorismus erinnert. In der langen Liste, die er anführte, kamen israelische Terror-Opfer nicht vor. Benedikt XVI. hat zweitens auf die durch starke Indizien ausgelöste Nachfrage der Chefanklägerin des Internationalen Gerichtshofes in den Haag, Carla del Ponte, ob der Vatikan kroatische Klöster schütze, die Kriegsverbrecher verbergen, nicht reagiert. Und Benedikt XVI. hat drittens denjenigen, die zum Weltjugendtag nach Köln pilgerten, einen »vollkommenen Ablaß« versprochen. Das einschlägige Dekret ist von komischen Aspekten nicht frei, es ist ersichtlich hybrid und theologisch kecker als etwa das Wort des sterbenden Voltaire »Dieu me pardonnera – c'est son metier« (»Gott wird mir vergeben – das ist nun mal sein Job«), und so verdient es, als eines der ersten Dokumente der Benedikt-XVI.-Funktion vollständig zitiert zu werden:

Dekret der apostolischen Pönitentiare über die Sonderablässe anläßlich des XX. Weltjugendtages

Ein *vollkommener Ablaß* unter den gewohnten Bedingungen (sakramentale Beichte, eucharistische Kommunion und Gebet nach Meinung des Heiligen Vaters) wird denjenigen Gläubigen gewährt, die, mit dem Herzen von jeglicher Sünde abgekehrt, während des ›XX. Weltjugendtages‹ in Köln aufmerksam und andächtig an Andachten oder Gottesdiensten und an seinem feierlichen Abschluß teilnehmen. Den anderen Gläubigen, wo immer sie sich auch während des besagten Treffens befinden mögen, wird ein

Teilablaß gewährt, sofern sie Gott mit reuigem Herzen und inbrünstigem Gebet bitten, daß die jungen Christen im Bekenntnis ihres Glaubens erstarken, daß sie in der Liebe und im Respekt gegenüber ihren Eltern gestärkt werden und daß sie festen Sinnes seien, die Familien, die sie gründen werden oder schon gegründet haben, oder auch ihr eigenes Leben getreu den heiligen Maßstäben des Evangeliums und der Mutter Kirche zu gestalten, entsprechend der einem jeden von Gott aufgezeigten Berufung. / Das vorliegende Dekret hat Gültigkeit für diesen Anlaß. Dem steht keinerlei gegenteilige Verfügung entgegen. / Gegeben zu Rom, vom Sitz der Apostolischen Pönitentiarie. Am 2. August 2005, dem Gedenktag der ›Portiuncula‹. /

James Francis STAFFORD,
Kard. Der Hl. Römischen Kirche
Großpönitentiar
Gianfranco Girotti, O. F. M. Conv.
Regent

So der Wortlaut des Dokuments, das medienadäquat unter der Web-Adresse
http://www.vatican.va/roman_curia/apost_penit/documents/rc_trib_appen_doc_20050802_decree-xx-wyd_ge.html#top nachzulesen ist.

No comment zu dieser Benedikt-XVI.-Funktion. Denn das, was da schwarz auf weiß geschrieben steht bzw. über Monitore flimmert, geht alles mit rechten Dingen zu. Ablässe sind geregelt im *Codex des kanonischen Rechtes* Kapitel IV, Can. 992 sqq. Dort heißt es u. a. »Can. 992 – Ablaß ist der Nachlaß zeitlicher Strafe vor Gott für Sünden, deren Schuld schon getilgt ist; ihn erlangt der entsprechend disponierte Gläubige unter bestimmten festgelegten Voraussetzungen durch die Hilfe der Kirche, die im Dienst an der Erlösung den Schatz der Sühneleistungen Christi und der Heilungen autoritativ verwaltet und zuwendet. / Can. 993 – Ein Ablaß ist Teilablaß oder vollkommener Ablaß, je nachdem, ob er von der zeitlichen Strafe, die für die Sünden zu verbüßen ist, teilweise oder ganz befreit. / Can. 994 – Jeder Gläubige kann Teilablässe oder vollkommene Ablässe für sich selbst gewinnen oder fürbittweise Verstorbenen zuwenden. / Can. 995 – § 1. Außer der höchsten Autorität der Kirche können nur diejenigen Ablässe gewähren, denen diese Vollmacht durch die Rechtsordnung zuerkannt oder vom Papst verliehen wird. / § 2. Keine Autorität unterhalb des Papstes kann die Vollmacht zur Gewährung von Ablässen anderen übertragen, wenn ihr dies nicht vom Apostolischen Stuhl ausdrücklich zugestanden worden ist.«

Es ist kein leichtes Amt, es ist keine leicht zu erfüllende Funktion, Stellvertreter irgendeiner Macht oder irgendeines Mächtigen zu sein. Und es ist ein hartes Los, Stellvertreter Christi auf Erden zu sein. So hart ist es nun aber auch wiederum nicht. Der Papst geht abends nach getaner Regierungsarbeit durch die vatikanischen Gärten. Da spürt er auf einmal, daß neben ihm noch einer lustwandelt. Es ist, wie er mit äußerster Evidenz und päpstlicher Kompetenz erkennt, kein anderer als der wiedergekehrte Jesus Christus. Weil sich ein Gespräch nicht so recht anbahnen will, fragt der Gottessohn seinen Stellvertreter, ob er denn gar keine Frage an ihn zu richten habe. »Doch«, antwortet der: »Ich möchte gerne wissen: Wann kommst du mal wieder?«

Dietmar Dath

Auszug aus dem Versepos
»Die Auslöschung der europäischen Moderne«

Sechsunddreißigster Gesang:
Ein Papst kehrt heim

Jugend der Welt, vor allem die blühende Jugend der Deutschen
War vom Konzern, der Erlösung verspricht, in Scharen gerufen
Alles drum strömte nach Köln, zur Feier des Festlichen Einzugs:
Schultert das Jugendtagskreuz, ihr harmlosen Kinder der Kirche!
Pilger mit offenen Mündern ersahen beglückt dort den Deutschen
Der mit den wissenden, alten und boshaften päpstlichen Augen
Wohlgefällig das kopflos verzückte, grelle Spektakel
Kühl überwachte, als erster propagandistischer Leiter.
»Fest unsres Glaubens! Der polnische Papst sitzt gewiß jetzt im Himmel,
Sieht uns und segnet den alten Vertrauten, Verfechter der Lehre,
Der ihm nun nachfolgen darf auf dem knarrend katholischen Leibstuhl,
Lacht und ergötzt sich, wie eisglatt das Spiel allschon aufgeht!«

So ward den Scharen die glänzend geleckte, brillante Begrüßung
Kardinal Meisners, mit jenseitig Mummenschanz jauchzendem Schwung.
Bau nur auf Jesus, Maria und Benedikt, klatschender Pöbel,
»Tag des sozialen Engagements« hieß zum Spott dir ein Motto
Ausgegeben von Aasgeiern, deren unsterbliche Sekte
Jeglichem Sklavenhalter, Ausbeuter, Kriegstreiber, Nazi
Treu durch Jahrtausende immer zu Diensten gewesen,
Der mit Verträgen um Geld, Privilegien, Grund oder Boden
Sich zu verpflichten den Gaunern von Rom die Klugheit besaß.
Konstantin hieß er, jener gewitzigte römische Kaiser
Der hat als erster den Nutzen des nebligen christlichen Jenseits
Für die Verwaltung des menschlichen Diesseits glasklar erkannt.
Große Arenen füllte schon vorher das fromme Spektakel
Aber statt Löwen zu mästen, fressen katholische Priester
Selbst heut, was Mehrwertabschöpfung zum Mahl ihnen täglich serviert.
Längst arrangiert mit den stärksten der übelsten weltlichen Mächte
Haben sie sich, und der Papst weiß von allen fraglos als erster
Was er verdankt der Vereinbarung, so daß er unbedingt artig
Auch den Beschränkten am Flughafen schon in sein pechschwarzes Herz schließt
Der für die Weltbank den Sparkassenlaufburschen jahrelang abgab,
Bis daß die deutsche herrschende Klasse, in Laune, zu scherzen,

Diesen Beschränkten, Herrn Köhler, zum Haupt wählen ließ ihres Staates.
Alle Vertreter politischen, öffentlich wirksamen Lebens
Grüßte Herr Ratzinger, den sie jetzt auserwählt Benedikt riefen.

»Achtung und Dankbarkeit« sprach er dem Diplomatischen Corps aus.
Bundeskanzler und nordrhein-westfälische Große besonders
Wusch er mit priesterlich albernen Reden schneeweiß und rein
Von den Verbrechen an Ärmsten, die sie täglich begehen
Arbeitslos, rechtlos, denen Geringstes verweigert, gestohlen,
Jagt man sie knüppelnd aus Bahnhöfen, Parks und von Bänken
Denn für die Sicherheit römischer Gäste muß weichen, wer stört,
Während, wer schuldig bleibt den Beamten den schriftlichen Nachweis
Lohnarbeit leisten zu dürfen, selbst kargstes Vermögen zu melden
Ämtern und Aufsehern nunmehr gezwungen ist, seit ein Berater
Der sonst zu Huren ging, dies seinem Kanzler beratend empfahl.
Ethisch hervorragend weiß sich seit jeher der saubere Klerus,
Darum die Volksbibel ließ er, moralisch die Massen erleuchtend,
Gerne sich drucken vom großen und frechen Konzern namens Springer

Der mit den Anzeigen reich ward von Ausbeutern, Sexmäusen, Schurken,
Und mit den Auflagen restlos obszöner, verderbtester Hetze.
Viele von denen, die da ohne Reue für Zeilengeld schreiben,
Kennen von innen die schönsten sakralen katholischen Räume.
Nuntius nennt sich heimlich bei sich wohl mancher da schmunzelnd,
Weiß doch der Vatikan lang schon, daß diese Art schmieriger Freunde
Sicher viel günstiger wirkt bei den Massen als Franz von Assisi.
Medienkunde treiben neben theologischen Studien
Kirchengelehrte im übrigen auch nicht eben seit gestern:
Schon im Jahr Neunzehnhundertneunundzwanzig
Faßte einen Zusatz mit Mussolini geschlossener
Heiliger Lateranverträge die Absicht in Worte
Autonom eine Sendestation des telegraphischen Radios
Auf dem Gelände des Vatikanstaats in Eile zu bauen,
Daß nicht der Äther den weltlichen Stimmen alleine gehöre.

Pius, der Schlaue, weihte geschwind das Elektrizitätswerk
Als Marconi den Auftrag zum Bau des katholischen Radios
Gern sich erteilen ließ, denn dem ganz Alten gehört stets die Zukunft.
»Dies wird dem Stellvertreter Christi ermöglichen, nunmehr
Sein Gespräch gemäß Lehre der einen und heiligen Kirche
mit dem gesamten Kosmos, nach Wunsch auf Sendung, zu führen.«
Freute der Stellvertreter sich öffentlich; und so bis heute
Sitzen, die Rom entsendet, die Medienkundigen alle

Nicht nur in kirchlich verwalteten Zeitungen, Studios und Sendern
Sondern in vielen Büros auch halbstaatlicher Öffentlichkeiten,
Blasen der Welt ihren Kram ein, geschützt von den emsigen Herren
Welche die feisten Budgets alle lenken und Ströme von Geldern
Wie auch von Nachrichten leiten, wohin es der Gottheit gefällt.
Deshalb wird Kirchengeschichte nicht nur gemacht, auch geschrieben
Weit schnell verbreitet, daß wir's erfahren mit ehrlichem Staunen.

Selten zuvor war diese Geschichte so rund, so gelungen
Nun da dem polnischen Freund von Herrn Reagan, Herrn Kohl und Frau Thatcher
Alles geglückt ist, was er als Mission seines Lebens verstanden,
Insbesondere aber den wichtigsten Hieb gegen Marx
Dortmals in Polen durch seine Agenten erfolgreich zu führen
Ihm von der Hand ging, und sogar Washingtons fähigste Mörder
Beifall für solchen erfolgreichen Einsatz im kältesten Weltkrieg
Klärend die Frage, ob Menschen sich endlich nicht doch selbst regieren
Oder, auf ewig an Herren und Hirten gebunden, verdammt sind,
Dem nicht versagten, der sein unrühmliches, peinliches Ende

Bleich und sklerotisch, starrsinnig bis zum Verlöschen erlebte,
Muß auch der nächste Schritt in der fälligen Wiedereroberung
Einst noch der ganzen bewohnten Erde durch diese Katholen
Stracks unternommen und frischauf gewagt sein vom greisenhaft Neuen:
Niederwerfung der Reste von Protestantismus und Sozis,
Die noch mit Anspruchsdenken die Rückkunft des Mittelalters
Wehren und hindern. Darum der Neue ein Deutscher zu sein hat,
Denn wer die Mitte Europas gewinnt seinem Glauben,
Der wird die Rückkehr des uralten teuflischen römischen Drachens
Kräftig beschleunigen, daß nun widerrufen bald werde
Was die französische Revolution an Zurückhaltung aufzwang
Jenen, die vorher durch Töten von Hexen und Ketzern und Juden
Köstlich Modell standen Hitler und all seinen blutigen Henkern.

Deshalb in Deutschland den ersten der Auftritte jener sich traute,
Hochbetagt wie er war, denn vor Alter und Sterben schützt Glauben
Ebensowenig wie vor Mißlingen der reizendsten Pläne,
Darum ans Werk nur, bevor man noch vorzeitig unverhofft abtritt.
Geist auch und Bildung besitzt, loben alle, der römische Bischof

Bücher, glaubt dieser, sind wichtig dem Werk der rechten Bekehrung,
Drum schrieb und schreibt er auch eigene, intelligent durchdozierte
Auffallen kaum wird er peinlich unter den geistigen Größen
Unserer Zeit. Längst haben die, Publizisten wie Philosophen,
Ansprüche abgelegt, die noch diejenigen Vorbilder kannten
Denen Freiheit des Denkens vom Glauben das Kostbarste war.
Ethiker, Poststrukturale, Diskursanalytiker, Deuter
Höchster Gescheitheit, Dekonstruktive und jene
Die, epistemisch bescheiden, als Neupragmatisten auch gerne
Ganz schon verzichten auf Wissen, das noch behauptet in Kühnheit
Richtig zu schließen und Recht zu haben samt Klarheit und Wahrheit:
Alle die Klügsten der Zeit, wer will sie noch unterscheiden
Von Theologen, die länger schon lehren: Nichts kann man wissen,
Frag nicht, wieso, der Herr hat's gegeben und wieder genommen –
Dümmer als so ein Gelehrter im späten Kapitalismus
Ist der Herr Ratzinger nicht. Drum mag es mit ihm so fortgehn,
Bis daß sein Sermon der Philosophie allen Schneid abgekauft hat.

So war der Weg längst geebnet auch zu den angeblich Klügsten,
Für die Catholica, der man, das Wort schändend, nun »Renaissance« wünscht,

Als der Kongregationsleiter Papst ward und Deutschland besuchte.
Dankbar bereit fand der oberste Schauspieler Roms seine Deutschen
Freudige Scharen blökten ihm Liebe und Treue ins Ohr
Ohnehin war das ein Zeitraum, in dem die betörte Verdummung
Ob als Deutschtümelei, ob sonst als Entstellung des Wahren
Fröhliche Urständ feierte dort an dem Rhein und im Umland.
Fromm und verblendet zu Dresden erbauten die Deutschen den Tempel
Neu um den Völkern zu zeigen, gelernt hat man allerdings gar nichts –
Führer und Vorsehung hatten die scheußlichen Götzen geheißen
Die zu verehren hier Menschen und Kirchen mit der Vernichtung bezahlt.
Aber statt mahnen zu lassen die vielsagend schwarze Ruine
Schmierte man Wunden mit Geld zu, mit weltweit gesammelten Spenden,
Feierte wiedererstarkenden Glauben, Schafshaltung, Demut und Schwachsinn,
Predigte Vorsehung noch mal, wenn auch hinzutrat kein Führer.
Kranke und Alte, Lahme und Sieche im Land, das so fromm ist,
Klaglos ertragen die das, was die Lüge der Macht jetzt Reform nennt:
Raub noch des Nötigsten, Pflege, Arznei und Prothese
Brav wird's entbehrt, sie befehlen die Seele den christlichen Engeln.

Subsidiarisch von Staats wegen nämlich immer erschleicht sich
Pfaffenpack Zugang zu jeder Lagerstätte des Leidens
Wo die Verkrebsten, Vergifteten, Wehrlosen elend verkommen,
Bläst ihnen Werbung ins Ohr in den Heimen und den Spitälern,
Kriegspropaganda für die erneut angebrochene Schlacht um die Hirne
Und um das Geld, denn niemals vom Mitgliedsbeitrag alleine
Mästen sich Kirchen, ja nicht einmal einzig von Steuern,
Die man, Gott lohn' es, freimütig Kirchensteuern hier nennt.
Zusätzlich zahlt auch die Bürgerin noch und der arglose Bürger
Wenn sie an keinerlei römischen oder lutherischen Spuk je geglaubt,
Weil doch mit Vorzug belohnt dieser Staat das Karitative
Schulische, Ärztliche, Menschen betreuende Treiben der Frömmler,
Diese Veranstaltungen deftig mit Zuschuß aus dem agnostischen Säckel:
Schon Zigaretten zu kaufen, führt Geld ab ganz heimlich nach Rom.

Wirtschaft ist Macht. Drum meint seine Heiligkeit alles ganz wörtlich
Wenn da der Buchtitel »Werte in Zeiten des Umbruchs« verheißt:
Echt sind sie, die tauschwerten Werte, drum hat auch die Kirche
Rahmenverträge geschlossen über Rabatte für alles
Was Diözesen so brauchen, die Liste ist stattlich und lang:

Technik und Mietwagen, Software und Werbung und nötige Möbel.
Nichts darf verkommen, obwohl doch die Bibel den Christen verspricht:
Gott wird sich sorgen und plagen, seid ihr nur zugange im Ewigen.
Welches in freier Wirtschaft umtriebige Großunternehmen
Könnte es wagen, die Mitarbeiter unterm Tendenzschutz
Ohne den Schatten von Mitbestimmung täglich zu fordern
Wie noch die tapferste Schwester in irgendeinem Hospize
Dieses Gemeinnutz versprechenden Ladens, die ohne zu murren
Gleichviel in jeden Befehl sich mit Leib und Seele ergibt
Als wäre der Laden so etwas wie eine Armee. Und wer nachdenkt
Muß vielleicht finden, tatsächlich, so falsch ist dies allerdings nicht.
»Freiheit und Recht und das Gute« heißt ein Kapitel im Buch
Von Werten im Umbruch, das Ratzinger vor der Erwählung schon schrieb,
Denn wie die Wirtschaft beachtet die mächtige unreine Firma,
Der er nun vorsteht, Politisches auch und Gesetze, auf daß die
Alle zum Vorteil des Auftrags sich jederzeit anstellig zeigen,
Wenn auch Vertrauen beim Volk die Firma noch immer muß missen,
Viele ertragen, die austreten, nicht nur des Gelds wegen, Schande
Und Schimpf, daß es andre Bekenntnisse weiterhin gibt auf der Welt
Und nicht die einz'ge Partei, der die Wähler die Stimme gern schenken

Zwingend die Christliche heißt, leider ist dies, wie es längst
ward.

Aber am Rande des Staates, unter gemütlich
Rechtsradikalen
Fachsimpeln Lebensschützer, Ritter vom Grab und die
Brüder
Jener Verbindung, die Opus Dei man ganz offen nennt.
Abtreibung, Schwule und Ketzer und Lästerer wollen sie
ächten
Wenn erst die Mittel dazu das System der Verwaltung dem
gibt
Der alle Zügel wird straffen, Erziehung zur Welt ohne
Sünde,
Aufklärung fortjagt aus Schulen, von der Katholischen
Pfadfinderschaft
Längst verurteilt, unschuldig ja sind denen die Knaben
Am liebsten, der Heilige Geist weiß gewiß auch, wieso das
so ist.
Kreuze für ungeborenes Leben, das feministische
Hexen noch tagtäglich schlachten, stellen die Eiferer auf.
Denn um ihr Menschenbild, sagen sie, geht es ja immerhin
denen,
Die mit der Folter zu Zeiten der größten Erdenmacht Roms
Keine Probleme je hatten. So weiß denn erst recht eine
Dame,
Nahestehend der Kirche, Volkspädagogin aus Ülzen,
Daß überhaupt der ganze von Frauenrechtlern erzeugte
Modische Unsinn, etwa Orgasmus für Frauen,
Erbarmen,
Schuld ist an Magersucht, Einsamkeit, wahrscheinlich
obendrein Schnupfen
Denn mit modernster Wissenschaft halten die Herren und
Damen

Ja Schritt. Drum wagt auch zaghaft hier und sogar auch dort
drüben
Schon der einzeln katholische, mutig weltweise Denker
Wieder die leise Kritik an Herrn Darwin, weiß Gott,
diese lohnt,
Statt Telomere zu knacken und Aids mit Verstand zu
besiegen,
Besser ist Beten, das Leben im Diesseits sei fernerhin
Jammer.
So geht das weiter, bei Laien und auch bei fleißigen
Priestern,
Und wer da freundlich durch rosige Brillen mag fernerhin
blicken
Die ihm bloß zeigen, schlimm wie zu Zeiten von Kreuzzug
und Feuer,
Predigt mit Schwertern ist der heute nicht mehr, der
Riesenverein,
Mag sich nun fragen, ob all seine sachliche Kenntnis des
Alten
Ihn nicht im Stich ließ, solang er Einfachstes ganz offenbar
nicht,
Das die Geschichte uns lehrt, in der Fülle der Daten erkannt
hat:
Soviel sie Macht hat, so schlimm ist Kirche, scheußlich und
wahnhaft.
Schlimmer wohl nicht. Man ziehe beizeiten die Schlüsse,
die not tun.

Felix Ensslin
»Eins, zwei, drei... Fini!«

Das folgende ist eine Mitschrift eines Monologes. Möglicherweise. Der Mann, dessen Äußerungen hier wiedergegeben werden, verhielt sich die ganze Zeit über so, als sei er mit einem jener mobilen Telefone ausgestattet, die es einem auch während eines Gesprächs ermöglichen, die Hände frei zu bewegen. Er gestikulierte in einer Weise, die normalerweise den Schluß nahelegt, der Redner versuche mit Hilfe seiner Hände und seiner Mimik, einem Gegenüber die Dringlichkeit, Überzeugungskraft oder auch Vergeblichkeit der Argumente oder des Sachverhalts deutlicher zu machen, um den das Gespräch kreist. Da die Mitschrift, die im folgenden abgedruckt ist, von einer Videoaufnahme stammt, ist leicht zu sehen, daß der Mann keinen wirklich anwesenden Gegenpart vor sich hatte. Handelt es sich also um eine Art inneren Monolog? Innerer oder äußerer: Wer will das entscheiden? Der Mitschnitt ist fast vollständig, nur der Anfang war schwer auszumachen, und am Ende hört das Band einfach auf.

».........« »Eins, zwei, drei... Fini!« Immer wieder rief Kardinal Meisner in die Menge der Kids, die auf dem Platz vor ihm Party machten, dieselben Worte: »Eins, zwei, drei... Fini!« Er war mit dem Papst auf die Domplatte gekommen und hatte sich ans Mikrophon gestellt, in der Erwartung offensichtlich, jetzt an die jungen Lämmer der Herde ein paar Worte zu richten. Aber es ging nicht. Es war einfach zu laut. 1000, 10 000, keine Ahnung, wie viele Leute das waren, nicht so viele wie auf den Rheinwiesen beim Gottesdienst natürlich, so viele gingen gar nicht auf den Platz vor dem Dom. Aber schon eine Menge. »Eins, zwei, drei ... Fini!« Zuerst waren sie ganz huldvoll den Weg zum Mikrophon abgeschritten – er und der Papst –, und nachdem die Ruhe nicht eintreten wollte für die Wortspende, versuchte der Kardinal den Lärm, das Tanzen und den Jubel sozusagen auszuzählen. Das Ergebnis: Das Gegenteil der Absicht. Nochmals. »Eins, zwei, drei ... Fini!« Und dann, der ansteigenden Irritation schon nicht mehr Herr: »Jetzt wollen wir auch mal was sagen!« Ich dachte, wenn man genau hinguckt, ist das eine Tragikomödie, wie dieser englische Spielmannszug aus dem Film, über den Žižek immer schreibt: Die Zeche ist geschlossen, die alte Lebensform dahin, aber die Mitglieder des Spielmannzugs bestehen trotzdem auf ihrem Auftritt beim nationalen Wettbewerb, für den sie sich in besseren Zeiten angemeldet hatten. Treue zur symbolischen Form, die ihres Kontextes beraubt ist, um auf diese Weise Integrität zu bewahren. Nur daß hier das Publikum für einen Moment aus seiner Rolle als ergriffener Zeuge dieses symbolischen Aktes ausgestiegen war. Und was ist ein symbolischer Akt ohne wahres Zeugnis? Auf dem Weg von Bonn nach Köln stand auf einem Bahnübergang: »Rave nation, stay true!«

»Ja, natürlich. Nein. Ich glaube nicht, daß der Zustand der katholischen Kirche heute mit den ... Eine Kirche ist kein Bergwerk. Es geht um den Akt. Wobei ... beide sind weiblich. Sagte er das nicht, daß die Kirche weiblich ist? Nein, das führt mich weg vom Gedanken. Was ich meine, ist, warum sollten wir uns damit jetzt beschäftigen? Ich bin auf dem Dorf aufgewachsen, ich muß nicht wieder entdecken, wie *spooky* die Trinität ist oder wie cool die Ambivalenz der *genderswitches* in der Theologie. Christus der Herr, die

Kirche seine Braut. Die Kirche der Eckstein, Christus der Empfangende. Eckstein, genau, jetzt krieg' ich's wieder, darum geht's. Neulich hatte ich mittags Lunch mit einem alten Bekannten, der ist in den Medien heute – Fernsehen oder so – und vor ein paar Jahren wieder in die katholische Kirche eingetreten. Grüner, früher zumindest, was man so wertkonservativ nannte vor ein paar Jahren. Der kam gerade von einer Elternbesprechung mit dem Priester, die Kinder standen kurz vor der Kommunion. Es gab das Problem, daß die Kinder vor der Kommunion und der damit verbundenen Anteilnahme am Sakrament des Abendmahls zur Beichte gehen sollten. Aber sie wollten nicht oder zumindest nicht alle. Jetzt hatte der Priester die Haltung eingenommen: Ich will das auch nicht vorschreiben, kann ich gar nicht, weil die Eltern der meisten Kinder ja selber nicht zur Beichte gehen. Mein Bekannter machte da keine Ausnahme, obwohl er ja sehr bewußt und aus freier Wahl wieder in die Kirche eingetreten war. Also hatte der Priester die Eltern zu einem Ratschlag zusammengerufen, was denn zu tun sei. Denn ein Sakrament ist ja eigentlich keine Verhandlungssache. Und genau dies, nehme ich an, ist mit einer der Gründe dafür gewesen, daß dieser Mann wieder in die Kirche eingetreten ist: die Einsicht, daß in einer Welt voller Beliebigkeit und zerfließender Kräfte ein Ort der Bestimmung und Bestimmtheit not tut. Nicht Besinnung: Bestimmung. Ein Ort, der die Vermittlung – das Einpflanzen – von Werten übernimmt, nicht nur Traditionen reiner Form, sondern lebendigen Inhalts, und mit dem Stempel der Gültigkeit versehen. ›Ego sum veri ...‹ Scheiß Latein, alles vergessen. ‹Ich bin der Weg, die Wahrheit und das Leben.‹ Johannes irgendwas. Nun sollten die Kinder zur Kommunion und in die Gemeinde als mündige Christen eingehen, und es gab das Problem der Beichte. Dann fängt alles an zu wackeln, und von diesem kleinen Moment her ist zu erkennen, was an der Sache nicht geht. Oder nicht weit genug geht.«

»Ist doch klar. Ja, selbstverständlich verstehe ich das, ich meine schon. Aber wenn jemand zum Beispiel in der Liebe fragt: ›Liebst du mich noch?‹, hat er dann nicht schon verloren? Keine Antwort wird ihn befriedigen, jede nur noch mehr beunruhigen. Oder sie beruhigt ihn doch, let's say, seine Geliebte sagt: ‹Ja, natürlich liebe ich dich noch!‹ und er glaubt es tatsächlich und denkt: ›Wow, da bin ich ja beruhigt!‹ Und dann? Eben. Das ist eine perverse Spaltung. Es ist beunruhigend zu wissen, daß ich nicht weiß, was der Andere tatsächlich will und fühlt. Also frage ich nach: ›Liebst du mich?‹ Und bin gespalten. ›Ja, ich weiß, ich kann nicht wirklich wissen, was der andere fühlt oder denkt, aber ...‹ Ja-aber. Nicht entweder-oder: Entweder ich bin einer Liebe treu, oder ich bin es nicht. Ja-aber: Ich weiß, es kann keine guten Gründe dafür geben, aber ich will sie trotzdem erfahren. Und damit es mich auch tatsächlich beruhigt, glaube ich sie auch. Das ist Glauben. Glauben, der sich auf einen Anderen richtet. Den Anderen.«

»Die Geschichte geht noch weiter. Die Eltern saßen also mit dem Priester zusammen. Vielleicht hatte dieser sich erhofft, daß sie angesichts ihres Begehrens, die Kinder in der Obhut der Kirche und ihres Glaubens zu wissen, jetzt selbst ihr Verhalten überdenken und in Zukunft wieder zur Beichte gehen würden. Aber sie waren – in der Mehrzahl jedenfalls – ehrlich genug, nichts in dieser Richtung zu versprechen. Nehmen wir an, sie waren nicht nur ehrlich genug, zu wissen, daß ihre aufreibenden Berufe, die vielen Stunden im Studio, in der Redaktion, im Büro, auf Reisen, im Labor – es waren fast alle Akademiker –, sie davon abhalten würden, regelmäßig zur Beichte zu gehen, um bei der Messe das

Abendmahl vorbereitet zu empfangen. Nehmen wir an, sie waren außerdem intellektuell redlich genug, um zu spüren, daß sie daraus keine Befriedigung und keinen Frieden gewinnen würden. Immerhin sind der Sünden viele, und die Probleme ihres heutigen Lebens schienen ihnen wahrlich nicht so zu sein, daß ihnen mit einer Beichte zu begegnen wäre. So stelle ich mir das vor. Anfangs der Diskussion hatte der Geweihte noch einmal die Position der einen heiligen katholischen Kirche festgestellt: ›Keine Beichte, keine Kommunion.‹ Wie also lösten die Eltern und der Priester gemeinsam ihr Dilemma? Indem sie die Kinder wählen ließen!«

»Mein alter Bekannter spürte, als er das sagte, wie groß die Kluft war, die sich hier auftat. Wie? Ist doch egal! Zumindest meine ich, das an ihm bemerkt zu haben. Als er an dieser Stelle der Erzählung angelangt war, schaute er mich direkt an. Ganz fest in die Augen. ›Natürlich haben wir klar formuliert, daß die eine Möglichkeit die wirklich erwünschte ist, also, vor der Kommunion die Beichte abzulegen. Das ist es, was wir wollen. Aber wir können unmöglich die anderen vom Abendmahl ausschließen.‹ Warum also sollten wir uns mit dem Papst beschäftigen? Es wird alles am Ende auf diesen Moment, auf dieses Problem hinauslaufen. Was macht man mit den Kindern und der Beichte vor der Kommunion? Das ist doch wirklich *easy to see*! Na ja, vielleicht ist es ja so, daß die Funktion von Ratzinger darin besteht, uns dabei zu helfen, das eben nicht zu sehen. Deus est caritas, und zwar Eros *und* Agape in einem, von einem zum anderen, wer will da noch genau hinschauen? Das ist ja fast wie Yin und Yang, da bleibt keine Lücke. Wie...? Was...? Immer noch nicht?! Aber das liegt doch auf der Hand!«

»Warum denn schicken diese Leute ihre Kinder in den Unterricht, um sie auf die Kommunion vorzubereiten? Warum treten sie wieder in die Kirche ein? Oder konvertieren gar vom trockenen Protestantismus? Zurück in den Schoß der *einen* Kirche! Die Liturgie! Wir reden jetzt nicht von Oberbayern auf dem Dorf – und selbst da wäre es am Ende nicht anders. Sie treten aus demselben Grund wieder in die Kirche ein, aus dem der Bundespräsident danach ruft, klassische Dramen textgetreu aufzuführen. ›Ein ganzer Don Karlos, ein ganzer Tell, das wär' doch was‹. ›Ein ganzer Papst, eine ganze Kirche, das wär' doch was!‹ Das ist die Sehnsucht nach dem Ganzen. Katholisch. Was Ganzes, das wär' doch was. Und beides ist aus dem gleichen Grund Blödsinn: Weil es Stoßgebete sind im Königreich des Konjunktivs! Da helfen keine noch so coolen Theoreme über die Unbefleckte Empfängnis und das Wort, das darin Fleisch wurde; dem gehörten Wort, da eben nicht ›verinnerlicht‹ wurde, sondern sich so darin eingepflanzt hat, daß seine Verankerung nicht zu erschüttern ist. Alle Bedeutung geht von diesem ›Herrensignifikanten‹ aus, alle anderen Zeichen erhalten ihre Bedeutung in Differenz aus dieser einen ›Indifferenz‹. *Fides ex auditu* also *Conceptio ex auditu*: Das genau passiert *dabei* eben nicht! Das geschieht den Kindern nicht und ihren Eltern nicht und ihrem Priester nicht. Sonst gäbe es nichts zu wählen.«

»Ich verstehe das nicht. Nein. Ich verstehe das! Man kann ja auch richtig neidisch werden. So wie Botho Strauss. Oder Frank Schirrmacher. Nein, der ist nicht neidisch, der hat einfach Angst. Was sagt Monsieur Jacques? Der neidische Blick auf den Anderen neidet ihm nicht die Frau, das Auto oder die Kohle: Er neidet die Fähigkeit zu begehren. So geht es denen auch. Die phantasieren eine ›islamistische Gesellschaft‹, eine ›Vorbereitungsgesellschaft‹, – der messianische

Ton ist ja nicht zu überhören – in der die Familie intakt ist, der Gehorsam – die »Regulierung der Worte« nennt Strauss das – der Zusammenhalt, kurz, soziale Lebendigkeit und: werden neidisch. Das Problem ist natürlich: Die anderen haben das auch nicht, und wenn, dann schwimmen sie darin nicht wohlig rum und bereiten sich auf die Fülle der Zukunft vor, sondern schauen selbst auch woandershin. Sie reflektieren das, nolens volens. Neid. Ich kenne Leute, die sind aus Neid wieder Katholiken geworden. Die haben die Messe gesehen und sich gedacht: Die haben was, was ich nicht habe. Will ich auch haben. Hilft das? Warum also über den Papst schreiben? Nein. Der Papst ist tot, er weiß es nur nicht.«

»Ich reg' mich nicht auf. Ich sag' ja nur. Klar, hab' ich auch gelesen. ›Warum es sich lohnt, das christliche Erbe zu verteidigen.‹ Aber von nichts anderem rede ich doch die ganze Zeit! Die haben die Kinder wählen lassen! Schöne Verteidigung. Sie glauben, aber sie leben es nicht. Es gibt doch nicht zuwenig Glauben bei uns! Viel zuviel! Zu jedem Fetisch gehört ein Gläubiger. Glauben ist die einzige Weise, wie alle damit umgehen, daß sie die Scheiße um sich herum klar sehen. Ich weiß, 25 % Rendite ist kein Lebensinhalt, aber ich bin überzeugt, daß wir ›echt was bewegen können mit dem Projekt‹. Verstehe ich doch. Geht es mir anders? Also, eins nach dem anderen. Zurück zu den Kindern. Moment mal, was ist denn das ...«

»Irgendein Piepston. Hört jemand mit. Jonathan Meese hat neulich im Interview gesagt: ›Wenn der Staat dich nicht abhört, weißt du ja gar nicht, ob du existierst.‹ So was in der Richtung. *Oder* man geht in die Kirche. Das ist es ja, die haben ja recht. Auf eine Art. Ja, die Kinder. Also, langsam, zum Mitschreiben. Die Eltern engagieren sich in der Kirche

– nicht in diesem protestantischen Sinne, sondern so, daß sie nachfragen: Was sollen wir tun? Oder treten wieder ein, wie mein Bekannter, weil sie spüren, daß das mit der ›Regulierung der Worte‹ nicht funktioniert. Wahrscheinlich denken sie: Nicht *mehr* funktioniert. Es gibt keine symbolische Macht, die nicht der Reflexion zum Opfer gefallen ist und immer wieder fällt. Alle wollen alles, und zwar jetzt, und können sich nicht dagegen wehren. Man erinnert sich: Dazu ist doch die Kirche da! Man geht hin und tut so, als würde man die Entscheidung vergessen. Und die Kinder schleppt man mit. Dann kommt der Priester und fragt: ›Was ist mit der Beichte vor der Kommunion?‹ Und was ist die Antwort? Laßt die Kinderlein wählen! Anstatt durch die ›Regulierung der Worte‹ die Sehnsucht zu erfüllen, einen Ort zu finden, der nicht ›reflexiv‹ ist, in dem keine Entscheidung getroffen werden muß, der mir meinen Platz zuschreibt und nicht mir die Aufgabe stellt, ihn zu definieren, zu erfinden, komme ich an den Punkt, die Reflexion sogar noch zu verstärken! Die Kinder sollen wählen, ob sie zur Beichte gehen, und man sagt ihnen: ›Wir wollen aber, daß ihr richtig wählt. Aber vorschreiben werden wir es euch nicht. Wir schreiben es uns selbst ja auch nicht vor.‹ Liberalismus. Dagegen ist das Zweite Vatikanische Konzil eine orthodoxe Veranstaltung!«

»Die andere Möglichkeit wäre natürlich, die Sache einfach vorzuschreiben. Der Papst geht hin und sagt: ›Hört auf, mit Euren Kindern zu diskutieren. Keine Beichte, keine Kommunion! Fini!‹ Er bleibt nicht nur bei der Frauenpriestergeschichte hart oder beim Zölibat, sondern überhaupt. Dogma ist Dogma. Wir wünschen uns das ja eigentlich. Und er versucht es auch. Wenn man die Zeitungen in Erinnerung hat, vor der Wahl zum Papst: Kaum versteckte Sehnsucht nach dem strengen Vater. Fundamentalismus.

Darum laufen auch die Kids dorthin. Für einen Daddy-Kick. Dann ist auch wieder gut. Nur: Den strengen Vater gibt es nicht. Wir sind von einem anderen Herrn bestimmt. Den kann und darf man aber nicht benennen. Wir sind schon alle gläubig und gehen auch jeden Tag in die Kirche. Aber das wollen wir nicht wissen, also gehen wir zum Papst. Oder schreiben über ihn. Nicht über den wirklichen Herrn, unseren Meister.«

»Genau. Liberalismus oder Fundamentalismus. Zwei Seiten einer Medaille. So ist es. Da hilft kein Papst, der kann auch nur entscheiden, welche Seite er nach oben dreht. Aber die Frage ist doch: *What's the third*? Es geht um den Akt. Nicht symbolisch. Schöpferisch. Ist das nicht das christliche Erbe? Eben: Man muß die christliche Erfahrung *durchlaufen*! Da hat der Meinecke schon recht als Papst. *Spooky Trinity*! Das ist kein Glaube. Eins, zwei, drei ... fang an!«

Hinweise zu den Autorinnen und Autoren

Dietmar Dath, geboren 1970, Kirchenaustritt mit Erreichen der Religionsmündigkeit, 1998-2000 Chefredakteur der Zeitschrift »Spex«, seit 2001 Redakteur im Feuilleton der Frankfurter Allgemeinen Zeitung. Zuletzt erschien der Roman *Für immer Honig* (2005) sowie im Suhrkamp Verlag *Die salzweißen Augen. Vierzehn Briefe über Drastik und Deutlichkeit* (2005). Im Herbst 2006 erscheint ebendort der Roman *Dirac*.

Felix Ensslin, geboren 1967, lebt als Autor, Regisseur, Dramaturg und Kurator in Berlin. Zuletzt inszenierte er sein Stück *Durch einen Spiegel ein dunkles Bild* in Weimar und kuratierte die internationale Konferenz zum Schillerjahr 2005 »Spieltrieb. Was bringt die Klassik auf die Bühne?«

Jochen Hörisch, geboren 1951, ist Professor für Neuere Germanistik und Medienanalyse an der Universität Mannheim. Im Suhrkamp Verlag erschienen zuletzt *Es gibt (k)ein richtiges Leben im falschen* (2003), *Eine Geschichte der Medien* (2004) sowie *Gott Geld und Medien* (2004).

Thomas Meinecke, geboren 1955, lebt als Autor, Musiker und Radio-DJ bei München. Im Suhrkamp Verlag sind von ihm erschienen *The Church of John F. Kennedy* (1996), *Mode & Verzweiflung* (1998), *Tomboy* (1998), *Holz* (1999), *Hellblau* (2001) und *Musik* (2004) sowie 2006 *Feldforschung. Erzählungen*.

Bettine Menke ist Professorin für Allgemeine und Vergleichende Literaturwissenschaft an der Universität Erfurt. Sie hat zahlreiche Aufsätze verfaßt sowie die Monographien *Sprachfiguren. Name – Allegorie – Bild nach Walter Benjamin*, München 1991, und *Prosopopoiia. Stimme und Text bei Brentano, Hoffmann, Kleist und Kafka* (München 2001).

Barbara Vinken, geboren 1960, ist Professorin für Französische Literaturwissenschaft und Allgemeine und Vergleichende Literaturwissenschaft in München. Zahlreiche Veröffentlichungen, darunter zuletzt die Monographien *Fashion – Zeitgeist. Trends and Cycles in the Fashion System*, Oxford 2005, *Die deutsche Mutter* (München 2001) sowie *Du Bellay und Petrarca* (Tübingen 2001).

Slavoj Žižek, geboren 1949, lebt als Philosoph in Ljubljana, Slowenien. In der edition suhrkamp erschienen zuletzt: *Die politische Suspension des Ethischen* (es 2412) und *Die Revolution steht bevor. Dreizehn Versuche über Lenin* (es 2298).

Deutschsprachige Gegenwartsliteratur in der edition suhrkamp Eine Auswahl

Paul Brodowsky
- Milch Holz Katzen. es 2267. 72 Seiten

Esther Dischereit
- Joëmis Tisch. Eine jüdische Geschichte. es 1492. 122 Seiten
- Übungen, jüdisch zu sein. Aufsätze. es 2067. 150 Seiten

Dirk Dobbrow
- Alina westwärts / Paradies. Stücke und Materialien. es 3428. 204 Seiten
- Late Night. Legoland. Stücke und Materialien. es 3403. 204 Seiten
- Der Mann der Polizistin. Roman. es 2237. 190 Seiten

Kurt Drawert
- Alles ist einfach. Stück in sieben Szenen. es 1951. 116 Seiten
- Haus ohne Menschen. Zeitmitschriften. es 1831. 120 Seiten
- Privateigentum. Gedichte. es 1584. 138 Seiten
- Rückseiten der Herrlichkeit. Texte und Kontexte. es 2211. 256 Seiten
- Spiegelland. Ein deutscher Monolog. es 1715. 157 Seiten
- Steinzeit. es 2151. 160 Seiten

Oswald Egger
- Herde der Rede. Poem. es 2109. 380 Seiten
- Nichts, das ist. Gedichte. es 2269. 160 Seiten

NF 313/1/5.04

Werner Fritsch
- Aller Seelen. Golgatha. Stücke und Materialien. es 3402. 200 Seiten
- CHROMA. EULEN:SPIEGEL. Stücke und Materialien. es 3419. 201 Seiten
- Es gibt keine Sünde im Süden des Herzens. Stücke. es 2117. 302 Seiten
- Fleischwolf. Gefecht. es 1650. 112 Seiten
- Die lustigen Weiber von Wiesau. Stück und Materialien. es 3400. 189 Seiten
- Schwejk? Hydra Krieg. Stücke und Materialien. es 3437. 224 Seiten
- Steinbruch. es 1554. 53 Seiten

Rainald Goetz
- Celebration. Texte und Bilder zur Nacht. es 2118. 286 Seiten

Dieter M. Gräf
- Rauschstudie. Vater + Sohn. Gedichte. es 1888. 86 Seiten

Durs Grünbein
- Grauzone morgens. Gedichte. es 1507. 93 Seiten
- Warum schriftlos leben? Aufsätze. es 2435. 122 Seiten

Norbert Gstrein
- Anderntags. Erzählung. es 1625. 116 Seiten
- Einer. Erzählung. es 1483 und es 2423. 118 Seiten

Katharina Hacker
- Morpheus oder Der Schnabelschuh. es 2092. 126 Seiten
- Tel Aviv. Eine Stadterzählung. es 2008. 145 Seiten

Johannes Jansen
- Halbschlaf. Tag Nacht Gedanken. es 2380. 85 Seiten

NF 313/2/5.04

- heimat ... abgang ... mehr geht nicht. ansätze. mit zeichnungen von norman lindner. es 1932. 116 Seiten
- Reisswolf. Aufzeichnungen. es 1693. 67 Seiten
- Splittergraben. Aufzeichnungen II. Mit zahlreichen Abbildungen. es 1873. 116 Seiten
- Verfeinerung der Einzelheiten. Erzählung. es 2223. 112 Seiten

Angela Krauß
- Die Gesamtliebe und die Einzelliebe. Frankfurter Poetikvorlesungen. es 2389. 103 Seiten

Barbara Köhler
- Deutsches Roulette. Gedichte 1984-1989. es 1642. 85 Seiten
- Wittgensteins Nichte. vermischte schriften / mixed media. es 2153. 175 Seiten

Uwe Kolbe
- Abschiede. Und andere Liebesgedichte. es 1178. 82 Seiten

Ute-Christine Krupp
- Alle reden davon. Roman. es 2235. 140 Seiten
- Greenwichprosa. es 2029. 102 Seiten

Christian Lehnert
- Der Augen Aufgang. Gedichte. es 2101. 112 Seiten
- Der gefesselte Sänger. Gedichte. es 2028. 92 Seiten
- Ich werde sehen, schweigen, hören. es 2369. 100 Seiten

Jo Lendle
- Unter Mardern. es 2111. 99 Seiten

Thomas Meinecke
- The Church of John F. Kennedy. Roman. es 1997. 245 Seiten

NF 313/3/5.04

Bodo Morshäuser
- Hauptsache Deutsch. es 1626. 205 Seiten
- Revolver. Vier Erzählungen. es 1465. 140 Seiten
- Warten auf den Führer. es 1879. 142 Seiten

José F. A. Oliver
- fernlautmetz. Gedichte. es 2212. 80 Seiten
- nachtrandspuren. Gedichte. es 2307. 128 Seiten

Albert Ostermaier
- Death Valley Junction. Stück und Materialien. es 3401. 111 Seiten
- Erreger / Es ist Zeit. Abriss. Stücke und Materialien. es 3421. 111 Seiten
- fremdkörper hautnah. Gedichte. es 2032. 100 Seiten
- Herz Vers Sagen. Gedichte. es 1950. 73 Seiten
- Katakomben. Auf Sand. Stücke und Materialien. es 3433. 144 Seiten
- Letzter Aufruf. 99 Grad. Stücke und Materialien. es 3417. 150 Seiten
- The Making Of. Radio Noir. Stücke. es 2130. 192 Seiten
- VATERSPRACHE. es 2436. 60 Seiten

Doron Rabinovici
- Credo und Credit. Einmischungen. es 2216. 160 Seiten
- Österreich. Berichte aus Quarantanien. Herausgegeben von Isolde Charim und Doron Rabinovici. es 2184. 172 Seiten
- Papirnik. Stories. es 1889. 134 Seiten

Ilma Rakusa
- Love after Love. Gedichte. es 2251. 68 Seiten

Patrick Roth
- Ins Tal der Schatten. Frankfurter Poetikvorlesungen. Mit CD. es 2277. 120 Seiten

NF 313/4/5.04

Christoph Schlingensief
- Schlingensiefs »Ausländer raus!« Bitte liebt Österreich. Herausgegeben von Matthias Lilienthal und Claus Philipp. es 2210. 272 Seiten
- Christoph Schlingensiefs ›Nazis rein‹. Herausgegeben von Thekla Heineke und Sandra Umathum. es 2296. 328 Seiten

Lutz Seiler
- pech & blende. Gedichte. es 2161. 90 Seiten
- Sonntags dachte ich an Gott. Aufsätze. es 2314. 140 Seiten

Silke Scheuermann
- Der Tag an dem die Möwen zweistimmig sangen. Gedichte. es 2239. 90 Seiten

Hans-Ulrich Treichel
- Der einzige Gast. Gedichte. es 1904. 71 Seiten
- Der Entwurf des Autors. Frankfurter Poetikvorlesungen. es 2193. 117 Seiten
- Liebe Not. Gedichte. es 1373. 79 Seiten
- Über die Schrift hinaus. Essays zur Literatur. es 2144. 241 Seiten

Jamal Tuschick
- Bis zum Ende der B-Seite. Roman. es 2333. 186 Seiten
- Kattenbeat. Roman in drei Stücken. es 2234. 180 Seiten
- Keine große Geschichte. Roman. es 2166. 200 Seiten

Christian Uetz
- Don San Juan. es 2263. 80 Seiten
- Das Sternbild versiegt. Gedichte. es 2376. 96 Seiten

Anne Weber
- Ida erfindet das Schießpulver. es 2108. 120 Seiten

NF 313/5/5.04